Klaus P. Fischer

# CHRISTUS IN POSTMODERNER  ZEIT

*Mythen und Symbole im Sprachspiel des Glaubens*

**Impressum**

**CHRISTUS IN POSTMODERNER ZEIT**
Mythen und Symbole im Sprachspiel des Glaubens
von Klaus P. Fischer

      Ausgabe vom 1. Februar 2022
ISBN:     978-3-754374-79-5
Hrsg.:     Hans-Jürgen Sträter

Herstellung und Verlag: BoD – Books on Demand, Norderstedt

Coverbild: „Der Gang nach Emmaus" (1918) von Karl Schmidt-Rottluff

Wir danken Frau Prof. Schroer (Bern) und Herrn Prof. Keel (Freiburg Ue.) für die freundliche Genehmigung zum Abdruck der Skizzen „Chaos-Kampf-Darstellung" (Seite 24a) und „Rollsiegel Akkad-Zeit" (Seite 67a), entnommen den im Literaturverzeichnis angegebenen Werken.

# VORWORT

Die nachfolgende Darstellung versucht die Frage aufzugreifen, wie der Glaube an Gott und Jesus Christus auch im naturwissenschaftlich-technisch geprägten Informations-Zeitalter verantwortbar sei. Sie denkt an Leser*innen, die auf der Suche sind, ob und wie sie zu Denk- und Vorstellungs-Weise des biblisch fundierten Glaubens Zugang finden, indes die Meinungsbildner und das Gros der säkularen Gesellschaft hier gar keine Frage mehr sehen, weil für sie das ´Weltbild` von Naturwissenschaft und Technik exklusive Geltung beansprucht, wogegen die Bibel sich auf Mythen stütze, die wissenschaftlich überholt, widerlegt oder unbewiesen seien.

Hatte der protestantische Theologe *Bultmann* nicht schon vor Jahrzehnten eingeräumt, man könne "nicht elektrisches Licht und Radioapparat benutzen, im Krankheitsfall moderne medizinische und klinische Mittel in Anspruch nehmen und gleichzeitig an die Geister- und Wunderwelt des Neuen Testaments glauben"?

Die Diskussion über "Entmythologisierung" der Bibel, die er entfachte, dauert bis heute an; jene Äußerung scheint das schon lange ´unterirdisch` rumorende Zeitgefühl in treffender Weise auf den Punkt zu bringen. Auch so manche Theolog*innen im Dienst von Verkündigung und Unterricht scheinen gewisse Überlieferungen und Aussagen der Bibel ´abzuhaken` oder verunsichert zu meiden. Sie sehen sich auch oft Menschen gegenüber, deren Seh- und Denkgewohnheit horizontal-eindimensional ist, denen zu *ganzheitlicher* Begegnung mit der *Wahrheit von Welt und Mensch* erst zu verhelfen wäre.

Man sagt vom heutigen Menschen, er häufe immer mehr Kenntnisse an von immer weniger Stoff. Spezialisierung beherrscht alle Disziplinen und lässt absehen, dass der Gescheiteste einmal zugleich der Dümmste sein und Generalisten die Aura von Genies umwehen wird. Vielleicht sind sie aber auch bloß Pragmatiker.

Ein in Erwachsenenbildung tätiger Pfarrer bekannte nach dem Vortrag über einen der am Ende des Buches erörterten Bibeltexte, das sei zu kompliziert; er sage den Leuten einfach: ´Das müsst ihr nicht glauben!`

In bestimmten praktischen Situationen hat er wohl Recht, auch im Blick darauf, dass die meisten der im Folgenden gebotenen Erkenntnisse biblischer Forschung dem fachwissenschaftlichen Gehege nicht entkommen, also unbekannt und ungewohnt sind - trotz Publikation und langjähriger Mühen kirchlicher Bibelwerke.

So ist den folgenden Kapiteln die Aufgabe gestellt, unter Heranziehung fachlicher Erkenntnisse aufzuzeigen, inwiefern der biblisch bezeugte Glaube von mythischen Überlieferungen geprägt ist und was diese für Glaube, Glaubens-Erkenntnis und Bekenntnis bedeuten. Es wird sich zeigen, dass der persönliche wie der kirchliche Glaube trotz mythischer Einkleidung, ja *wegen* und *dank* ihr verantwortbar ist.

Allerdings sind nicht nur antike Mythen komplex, auch die Mythen-Forschung ist es. Deshalb lassen sich die folgenden Darlegungen nur konzentriert aufnehmen. Öfters taucht bereits Angesprochenes nochmals auf, jedoch unter neuem Aspekt. Das ist von der Sachlage her unvermeidbar. Doch führt das Ergebnis des jeweiligen Kapitels wieder einen Schritt weiter. Zudem ist Wiederholung bekanntlich die "Mutter des Lernens".

Der Verfasser war jedoch stets bemüht, *das Ganze* im Auge zu behalten.

*Was ist das Ganze?* Es ist der in Form von Symbolen, mythischen Bildern, Motiven und Ausdrucksformen überkommene Glaube an Gott durch Jesus Christus. Nachfolgende Darlegungen wollen zeigen: durch die (quasi) mythische Sprachform wird die christliche Botschaft nicht verdeckt, verfremdet, gar entstellt, vielmehr gewinnt sie durch jene eine nicht nur rational-kognitive, sondern auch eine sensitiv-emotionale, die Intuition ansprechende Aussagekraft, die den Person-Kern - das "Herz" - berührt. Zumal vor der biblischen Botschaft bewährt sich die Weisheit von *Blaise Pascal*: "Wir erkennen die Wahrheit mit dem Verstand, aber noch viel mehr mit dem Herzen ... und vergebens sucht das Verstandesdenken sie zu bekämpfen" (Pensées fr. 282).

So mögen die Leser*innen weniger ihr Gedächtnis zur Aufnahme der vielen motivischen Details und Verflechtungen bemühen, als sich davon überzeugen, dass die zunächst fremdartigen Ausdrucksformen biblischer Glaubensüberlieferung durchdacht, wohlbegründet, ja unersetzlich, gleichwohl dem Verstehen wohlmeinender Menschen von heute zugänglich sind.

Bei den folgenden Seiten handelt es sich um ein Studienbuch, das zugleich Aufbauarbeit leisten will.

Der Haupttext erschließt sich geduldig konzentrierter Lektüre ohne übermäßigen Aufwand.

Eher fachliche Beobachtungen finden sich entweder in Anmerkungen oder in seltenen Kleindruck-Passagen. Der Exkurs allerdings erfordert philosophisches Denk- und Unterscheidungsvermögen und will helfen, in der Polyphonie modern-postmoderner Thesen und Ansprüche sich zu orientieren und ideologische Positionen zu vermeiden. Der Haupttext jedoch ist auch ohne Kenntnis des Exkurses verständlich.

Die Untersuchung möchte zudem deutlich machen, dass der gesunde Menschenverstand sowohl in der Theologie wie in der Glaubensdiskussion Platz hat, Platz haben muss.

Zögerlichen Leser*innen sei beiläufig versichert: Diese Abhandlung ist kein offizielles Exposé, sondern ein privater Versuch in Verantwortung des Autors. Anregungen und Beobachtungen von kompetenter Seite, die den Rohentwurf betrafen, wurden dankbar aufgenommen.

Für Menschen, die Glauben suchen, Glauben nicht auf den ersten Blick, sondern gleichsam auf den *zweiten Blick* suchen, sind nachfolgende Darlegungen gedacht.

Die christliche Botschaft soll neu vernehmbar werden und auch Menschen der Postmoderne anregen, sich zu sammeln, dann zu hören. Eine Stimme aus der jungen Generation von heute ersehnt Resonanz auf ein tiefes Bedürfnis:

*Wo bist du, Stille,*

*auf den Straßen der Stadt ?*

*Hast du uns Stille*

*nicht lange schon satt ?*

*Gibt es noch Orte*

*in Stille für mich ?*

*Gibt es noch Worte*

*mit Stille in sich ?*

(Katja Knosp)

# INHALT

# 1. Moderne Mythen und die uralte Frage nach "Gott"

Menschen, die an den biblischen Gott glauben, sind im Urteil vieler so etwas wie Abenteurer, Aussteiger, Hasardeure: Sie setzen in die Lebensrechnung eine unbekannte Größe ein, ein unbestimmtes X ohne belegbaren Nutz-Wert, überlassen also das Produkt ihrer Lebensleistung irgendeinem Schlaumeier. So genau die Leute zu wissen meinen, dass die Sonne aufgeht und untergeht, so nebelhaft erscheint ihnen die Rede von Gott: Wie soll man wissen, wer oder was, ob überhaupt etwas sich hinter dem Wort "Gott" verbirgt !? Ein lebender Philosoph, bekennender "Naturalist", meint, die Leute wüssten heute zu viel, um *nur* glauben zu können, vor allem wüssten sie zu viel, um *noch* glauben zu können.

Zum Nebel über dem Wort "Gott" trägt die Bibel selbst bei. Mose soll dem Bundesvolk einschärfen, sich "kein Bild" von Gott zu machen (Ex 20,4; Dtn 5,8). Kein Bild, kein Name. Und "keine anderen Götter" zum Vergleich!

Gottes Unbekanntheit verstärkt noch jene Szene, wo der Teufel Jesus eine alternative Karriere vor Augen führt, die sicherer sei als der Ruf Gottes, und einen Test vorschlägt. Doch Jesus erklärt, Gott sei nicht zu testen, keinem Experiment zu unterwerfen, ob und wie er ´funktioniert` (Mt 4,7; Lk 4,12).

An den Pest-Epidemien, die vom Spät-Mittelalter bis in die Neuzeit zumal die Länder Mitteleuropas heimsuchten, lasen die leidgeprüften Menschen ab, dass aller Scharfsinn nicht ausreiche, Gott zu ergrübeln. Am Maßstab der Gerechtigkeit meinten sie, wie schon die Vorfahren, abzulesen, dass Gott versage, entweder ungerecht oder machtlos sei.

Für Überlebende und nachfolgende Generationen entwickelten sich neue Prioritäten. Die Menschen der europäischen Neuzeit, von Kolonialismus und Kapitalismus beflügelt, verwandten jetzt viel Mühe darauf, den "lieben", aber unsichtbaren Gott des Glaubens, der ihnen ebenso unberechenbar wie ohnmächtig erschien, als menschliche Selbsttäuschung zu entlarven.

Aus Sicht der *Bibel* wandten die Menschen sich dann "anderen Göttern" zu. Sie kennt bereits den verführerischsten der alternativen Götter. Man könne nicht Diener Gottes sein *und* gleichzeitig Diener des Mammon, erklärt Jesus den Jüngern (Mt 6,24; Lk 16,13).

Die offene und kaschierte Herrschaft des Mammon, die Gier nach Akkumulation beanspruchen viele in der modernen Gesellschaft dermaßen, dass der Gott der Bibel verblasst, unwirklich erscheint wie eine Gestalt aus Kinderträumen.

Humanisten propagieren selbstbewusst, die Figur "Gott" habe "ausgedient"; auf den *Menschen* selbst komme es an: "auf seine Tüchtigkeit, sein Können und Verstehen".

Ist dieses Programm erfüllbar? Tüchtigkeit und Verstehen leisten ihr Teil, stoßen jedoch auf Probleme: bei begrenzten Ressourcen, vor unterschiedlichen Kulturen, Traditionen und Denkstrukturen werden Interessen zu Gegensätzen, erreicht Verstehen, Verständigung Grenzen, stößt gar auf Widerstand.

*Verstehen* ist ein menschliches Grundthema: es betrifft die Vergangenheit nicht weniger als die Gegenwart. Verstehen, Verständigung ist ein mühsames Geschäft, ob es um Menschen der Gegenwart, oft der nächsten Umgebung, oder um Menschen und Ereignisse der Geschichte geht.

Viele winken auch ab: die *Bibel* verstehe man nicht! Oder nur wenig! Die fremde Sprache, fremdartige Bilder, unglaubliche Geschichten. Was aber Schulbildung verstehen lehre, sei die *Evolution*. Von der Evolution habe kein biblischer Autor etwas geahnt. Der alte Schöpfergott sei abgelöst von der Evolution: sie bringe Leben hervor und zur Blüte. Traurig, doch unvermeidlich sei, dass sie es auch zu Rivalität und Kriegen kommen lässt; Sieger belohnt, Besiegte bestraft. Leider könne man sie nicht anders programmieren, weil sie aus dem tiefsten Weltall kommt und - wegen Komplexität der Materie - äußerst langsam agiert. Leider ist die Evolution auch am Schicksal von Einzelpersonen nicht interessiert, sie produziert Individuen in Fülle. Einige trösten, partielle Grausamkeit sei weise, fördere die Evolution.

Das seien alles Fakten, Fakten-Wissen - wird behauptet -, da muss man nichts glauben.

Ist also der *Naturalismus* nicht einfach realistisch, der den Gottesglauben schlicht als blind endenden Auswuchs am Baum der Evolution hinter sich lässt? "Absolutismus des Weltalls" heißt die Parole.

Von da aus gedeutet ist der Mensch eine zufällige Mutation in der langen universalen Evolution, was seine Hoffnungen und Untaten einschließt. Ob die Menschheit überlebt oder sich abschafft, berührt das Weltall nicht, lässt es buchstäblich kalt.

Wenn der Kosmos, wenn die Natur so ´denkt` und handelt (sagt man), müssen die Schwachen sich anpassen oder gehen. Eine Aussicht mit Rückwirkung: der Mensch kein "Abbild Gottes" mehr, kein Träger übernatürlicher Würde, einzeln wertlos ("jeder ist ersetzbar").

Das sei Realismus, sagen viele. Moral sei an der Realität zu orientieren. Zwar will man "an etwas" glauben, aber nur an das, was man sieht, und an das, was man "brauchen" kann.

Vielleicht gibt es - merken manche an - einen göttlichen Weltgrund, aber verborgen, unerkennbar.

An den biblischen Gott zu glauben hindere im übrigen die Bibel selbst, sagen Kritiker: obwohl sie einschärft, man solle sich kein Bild von Gott machen, behänge die Bibel Gott mit phantastischen Bildern und unglaublichen Geschichten. Herablassend spricht man von den "Mythen der Bibel" und meint Märchen, Phantasien, Träume, Halluzinationen bis hin zu psychedelischen "Trips".

Ein Leserbrief an eine Zeitung fällte dieses Urteil: "In seiner mythisch-mystischen Entstehungszeit mit Geister- und Wunderglauben, eine Zeit minimalen Wissens um die Wirklichkeit der Welt... konnten die Lehren des Christentums für wahr gehalten werden, weil sie der Kultur und dem gängigen Weltbild ihrer Zeit entsprachen".

Der Leser drückt aus, was viele denken (um sich vor christlichen "Lehren" zu schützen?).

Aber sein Argument könnte sich auch einmal als Bumerang erweisen. Wenn das Christentum nur so lange wahr sein konnte, als es damaligem Weltbild entsprach - kann das nicht umgekehrt auch einmal zum Schicksal der heute "modernen", selbstbewussten Weltanschauung werden? Weltanschauungen ändern sich und die neuen bezeichnen die früheren gern als "Mythen".

Eine Kirchenzeitung versuchte eine Antwort auf eine Anfrage zur biblischen Genesis, zur Erschaffung von Welt und Mensch durch Gott: die Texte seien "wissenschaftlich natürlich längst überholt", enthielten aber in anderem Sinn manches Bedenkenswerte.

Da zeigt sich ein Missverständnis: nicht die Genesis-Texte sind "wissenschaftlich überholt", sondern ihre naiv naturkundliche *Auslegung* ist "überholt". Könnte es sein, dass die Texte von etwas anderem sprechen als die Wissenschaft?

Zunächst: auch der oben erwähnte *Naturalismus* ist ein Mythos, ein *moderner Mythos*.

Zum "Mythos" wird heute ein Ideal, das weltanschauliche, politische, nationale, ökonomische, kulturelle usw. Ideal von Menschen, die von einer Person, Idee, Partei unbedingten Zugewinn von Lebensfreude, Sinn, Sicherheit, Gesundheit u.a.m. erwarten und die Überprüfung ihrer Erwartung an Realität, Alternativen, Widersprüchen usw. gern vermeiden.

Oft wird eine lebende Person zum "Mythos", wenn sie über lange Zeit viele Menschen anzieht und zum Inhalt von Erzählungen, Träumen, Enthüllungen u.ä. wird. Das "Mythische" ist das "Sagenhafte". Daher kann auch ein Ereignis der Vergangenheit, das weltbewegende Folgen zeitigte und viele Menschen damals wie heute beschäftigt (wie der Fall der Berliner Mauer von 1989) zum "Mythos" - oder zur "Legende" - werden. Doch ist die Rede von "Mythos" heute nicht eindeutig. Wenn vor Jahrzehnten eine bekannte Rock-Oper Jesus Christus zum "Superstar" krönte, würde sie ihn heute zum "Mythos" ausrufen, freilich mit der bei religiösen Inhalten mit schwingenden Nebenbedeutung einer Fiktion.[1]

Ein heute populärer Verdacht glaubt, antike Mythen, die von Gott/Göttern erzählen, auch solche der Bibel, seien archaische *Projektionen*: die frühen Menschen hätten ihre Bedürfnisse auf Götter projiziert oder hätten in ihrer Not Götter einfach erfunden. Mythen seien ebenso anthropomorphe wie soziomorphe Produkte: Projektionen uralter Ängste, urmenschlicher Sehnsucht - oder auch Resignation - an den Himmel.

Hält man diese Art Verdacht für seriös und aktuell, trifft er prinzipiell alle Arten von Weltanschauungen, Ideologien, Programmen, "Ideen", deren Aussagen über das unmittelbar Faktische, Verifizierbare hinausreichen und den Himmel, die Zukunft oder die Vergangenheit erklärend vereinnahmen.

Wenn man nur das unmittelbar Nachweisliche, das Sicht- und Greifbare für real hält, gewinnt alles spekulativ Erschlossene den Anstrich eines "Mythos": etwa der "Urknall", die Auslöschung der Saurier durch einen Meteoriten oder die sogenannte Klima-Katastrophe.

Dem Verdacht, im Rang eines Mythos zu stehen, entrinnt auch der atheistische Naturalismus nicht, wenn er meint, der unbeweisbare Gott der Kirche sei eine *Projektion*.

Der Projektionsverdacht setzt, genau genommen, voraus, dass die dazu nötige Projektions*fläche* ("der Himmel", Gott) existiert. Gleichzeitig hält man sie für unerkennbar: von menschlichen Wünschen und Befürchtungen überwuchert. Der Gott der Bibel werde verdeckt, verhüllt durch uralte "Mythen", Ängste und Hoffnungen.

Die *agnostische* Einstellung hat jedoch Folgen.

Verwirft der Mensch die (nach *Sartre*) "verjährte Hypothese Gott", ist er auf sich allein gestellt. Die Zukunft erscheint offen (da gott*los*), aber leer. Die "Gott-Hypostase", die sie früher ausfüllte, ist "eingestürzt" (*Ernst Bloch*). Gleiches gilt aber auch für die Homo=Deus-Hypostase, die sie ersetzen sollte.

1 Zur religionswissenschaftlichen Begriffsbestimmung des Mythos, die für das Verständnis der Bibel wichtig ist, s. Nr.8

Die leere Zukunft, die so erscheint, ist aber unheimlich. Daher suchen viele persönlichen Halt, Lebenshilfe in Astrologie, in kosmischer Energie oder in "verschüttetem Wissen" der Vorfahren (Kelten, Mayas u.a.). Andere setzen auf Futurologie und *Science fiction* (à la *von Däniken*).

Doch wenn man die Alternativen näher besieht, bleibt rätselhaft, warum der "postmoderne" Mensch meint, die genannten, wenig abgesicherten ´Parkbuchten` seien weniger "mythisch", seien realistischer, vertrauenswürdiger als das christliche Evangelium.

Am Ende seiner Bemühungen um autonome Orientierung sieht der Mensch durch sein in die Zukunft gerichtetes Fernrohr nur sich selber: eine diffuse, in Parteien, *pressure groups*, Kampfverbände zerstrittene, zersplitterte Figur.

Ideologiekritisch gesehen, ist der "postmoderne" Mensch entweder intellektuell ein gebildeter Skeptiker oder leistet einer gebildeten "Elite" Gefolgschaft, deren Welt- und Menschenbild er übernimmt, reproduziert und multipliziert. Er nimmt kaum wahr, dass er dabei *neue Mythen* in die Gesellschaft implantieren hilft, die nicht weniger Glaubensbereitschaft verlangen als die alten Mythen.[2]

Ein ´neuer Glaube` von Mythos-Art nistet sich auch gern ein als "gesellschaftlicher Konsens". Was so heißt, kann als *Narrativ* wirken. Rezentes Beispiel ist die Idee "multikulturelle Gesellschaft geht". Noch ist sie eine Utopie. Doch kann, soll und wird es sie geben (sagt man), wenn der Konsens flächendeckend ist und die Mehrheit eine Anzahl organisatorischer Weichenstellungen und Aufgaben abgearbeitet haben wird.

Auch die sogenannte "Leistungsgesellschaft" lebt unverhohlen von eingebläuten Mythen. Einer ihrer hartnäckigsten lautet, die Zukunft eines Menschen hänge von der persönlichen Leistung ab. Daher müsse man sich ständig "optimieren". Ungläubige werden auch hier exkommuniziert. Da überrascht es nicht, dass Psychiater heute die Erfahrung machen, eine wachsende Zahl Jugendlicher versinke in krank machender Zukunftsangst. Diese fürchten, der gnadenlosen Auslese einer anonymen Zukunft von vornherein unterlegen zu sein, und glauben, dass Versagen, Ausschluss, Verzweiflung, früher Tod als Kollateralschäden des Fortschritts, das heißt zuletzt: der allmächtigen Evolution bewertet werden.

*Luthers* berühmte Frage "Wie kriege ich einen gnädigen Gott?" wandelt sich auf der säkularisierten Zeitlinie in eine andere: Wie kriege ich eine *gnädige Zukunft*?

---

2 Als Prophet, der die Entwicklung früh durchschaute, erwies sich *Ivan Illich*: Fortschrittsmythen

Aber die Zukunft wirkt weithin wie ein anonym-gleichgültiger Mechanismus: *alternativlos* und exklusiv, und kann heutige Menschen in eine Verzweiflung stürzen, die jener der Leidenden in altgriechischen Tragödien bestürzend ähnelt.

Eine solche Vorstellung zermürbt. Wie der Soziologe *Hartmut Rosa* beobachtet,[3] sind Menschen nur lebensfähig, wo sie Mitmenschen, ja die Welt überhaupt als "Resonanz-Raum" erleben. Erfahren sie Resonanz auf ihr Sein, Tun und Lassen, nehmen sie sich selber erst als *lebendig* wahr.

Menschen treten (erläutert der Soziologe) mit der Ahnung ins Dasein, auf einen *letzten* Hintergrund - "das Umgreifende" (*Karl Jaspers*) - gepolt zu sein, woher sie Resonanz auf sich erhoffen.
Im Gegensatz zur spontanen Meinung der meisten ist *wirklich* nicht nur, was man vor sich sieht.
Leben ist auch *hintergründig*, wie jede(r) in besonderen Situationen verspürt.
Zum Resonanz-Hintergrund gehört auch *Gott* - zunächst eine zwiespältige Resonanz, die der Gott der Bibel aufheben will: "Fürchtet euch nicht!"
An einer denkwürdigen Stelle sagt die Bibel, Mose habe nur den Rücken Gottes schauen können (Ex 33,23). Das will sagen, dass er Gottes Antlitz "im Rücken" hat. Folglich kann der Mensch Gott nicht von vorn begegnen; er muss (sich) umkehren (sich bekehren), um seine Resonanz zu empfangen.
Damit berühren wir auch die Frage des aktuellen Weltbilds, das man aus der Evolutionstheorie und aus der Theorie der Kosmogenese entwirft, und das zur Annahme einer auch heute in Entwicklung begriffenen Welt führt.
Seit *Teilhard de Chardin* fühlen sich auch Christen bestärkt, die Schöpfung *evolutiv* zu denken, zumal auch *Paulus* die "Geburtswehen" der - "neuen" - Schöpfung anspricht (Röm 8,19-23). Dabei erleben sie das großartige Bild des in Evolution begriffenen Weltalls quasi als "Rücken" des Schöpfers. Angesichts der im Kleinen wie im Großen anscheinend universalen Vernetzung von Natur und Kosmos versuchen sich nicht wenige in der Vorstellung eines pantheistischen oder pan*en*theistischen Gottes, der sich in schöpferisch-universaler Liebe verströme und die Menschen zum Mittun einlade. Doch überspielen manche die Tatsache, dass die Natur einen neuen Zustand oft nur unter großen Opfern erreicht und die errungene neue Ordnung nur einen kosmisch relativ kurzen Zeitwert hat. Die menschliche Art bewegt sich dabei - mitsamt ihrem Kurzzeit-Gedächtnis - weithin noch

3 Interview in Herder-Korrespondenz Nr.10 (2017), 17-20

oder wieder auf dem Niveau intelligenter Raubtiere. Sie lernt nur mühsam, mit unsicheren Schritten Askese, Respekt, geschwisterliche Solidarität, und wo diese Einstellungen erreicht scheinen, bezeugt ihre permanente Gefährdung die hinfällige Konstitution der "Sterblichen" (wie die Antike sie nannte), die sie hervorbrachten. Es handelt sich ja um ´Tugenden`, die zumal kleinen und schwachen *Individuen* zugute kommen sollen, indes die Natur zumeist am Großen, an Ordnungen interessiert erscheint, Individuen aber massenhaft hervorbringt und auch verschwendet. Demgegenüber betreibt der biblische Glaube eine Art Gegen-Auslese, wie etwa der Philosoph *Emanuel Lévinas* auf biblischer Spur deutlich macht, wenn er betont, der Mensch empfange Gottes Botschaft aus dem Antlitz des Mitmenschen, das ihn wortlos oder indirekt beschwört, diesen angesichts der Todesschatten nicht allein zu lassen.

Der Mensch ist abgründiger, als das Tagesbewusstsein denkt und weiß. Auch jene, die im Dienst des vielköpfigen Mammon, sich aufreibend, ´funktionieren`, spüren und erleben die *Endlichkeit seiner Welt* und Wertschätzung. Er hat nichts ´Umgreifendes` (es sei denn *negativ*).

So gibt es wie vor zweitausend Jahren Menschen, die, wie ehedem *Nikodemus*, bei Nacht Jesus oder einen seiner Jünger aufsuchen, um etwas von seiner Botschaft zu hören, zu verstehen (Joh 3,2).

Damals wie heute suchen viele die Alternative "menschenwürdiges Leben" für sich und andere. Sie haben die vielen Menschenopfer für Mammon satt. Sie sind selbst - vielleicht nur knapp - Überlebende, Entronnene und suchen nach der Menschenfreundlichkeit Gottes, von der die Bibel weiß.

Denn "an einen Gott glauben heißt sehen, dass es mit den Tatsachen der Welt noch nicht abgetan ist ... heißt sehen, dass das Leben einen Sinn hat" (*Ludwig Wittgenstein*, Tagebuch 1926).

Die Bibel entwirft und bewirbt kein naturphilosophisches, sozusagen kosmologisch gehärtetes Gottesbild. Jesus hält die Menschen schlicht an, zu Gott "unser Vater" zu sagen, sich vertrauensvoll an ihn zu wenden, wie er es selber tut. Denn - so beginnt der Hebräerbrief - "viele Male und auf vielerlei Weise hat Gott einst zu den Vätern gesprochen, zuletzt aber sprach er zu uns durch den Sohn, durch den er auch die Welt-Zeiten schuf" (Hebr 1,1-2).

## 2. *Hermeneutik als Lebensaufgabe*

Die Bibel versteht sich im Wesentlichen als Botschaft oder Offenbarung Gottes. Allerdings kommt diese daher in fremdem Gewand, in mythischer oder halb-mythischer Ausstattung! Sie kann so nur Menschen ansprechen, die mythisch Klingendes nicht von vornherein ins Museum stellen.

Im 20. Jahrhundert hat sich das geisteswissenschaftliche Interesse verstärkt um die *Hermeneutik*, die *Wissenschaft vom Verstehen* bemüht. Sie, vielen unbekannt, hilft, biblische Texte, auch die sogenannten christlichen Mythen und ihren Sinngehalt zu entdecken und zu erhellen.

Gegen bekannte Vorurteile weist sie nach, dass die neuzeitliche Aufklärung (auf der Linie von *Kants* Schrift "Was ist Aufklärung?"), jungen Leuten heute über die Lehrpläne der Schulen vermittelt, bei allen berechtigten Anliegen Grund-Werte wie Autorität und Tradition dermaßen vernachlässigt, dass sich in den meisten Menschen das Gefühl einstellt, das für sie Lebenswichtige selber finden zu müssen, es inhaltlich verstehen und damit umgehen zu können.

Dieses Gefühl wird verstärkt durch den seit der Aufklärung aufkommenden Mythos vom modernen, das heißt *autonomen* Menschen, der sich selbst, Leben und Welt selbstbestimmt entwirft und organisiert. Dieser moderne Mythos und Glaubensartikel ist zur Grundlage neuer Traditionsbildung geworden.

Ihm gegenüber rehabilitiert - noch vor der "Kultur-Revolution" - der Philosoph *Hans-Georg Gadamer* in seinem epochemachenden Werk "Wahrheit und Methode" (von 1964) die Grundbegriffe *Autorität* und *Tradition* durch den Nachweis, dass diese Instanzen für Wissen und Erfahrung von den Aufklärern zwar begründet, aber doch *einseitig* als unverlässlich und unzuständig verpönt wurden. *Gadamer* zeigt, dass auch die heutige Zeit ständig auf Erfahrungen und Wissen der Früheren (Tradition) sowie auf überlegene Kenntnis (Autorität) zurückgreift und angewiesen bleibt, und zwar in einem Ausmaß, das gar nicht überblickbar, geschweige denn rational fassbar ist.[4] Der Reichtum an Einsichten und Erfahrungen der Tradition ist ein unerschöpfliches geistiges Universum.

Selbst der Universal-Philosoph *Hegel*, dessen Mythen-Kritik unten skizziert wird, lobt "die Alten" als die "edlen Geister ...,welche ... in das Wesen der Dinge, der Natur und des Geistes, in das *Wesen Gottes* eingedrungen sind".[5]

---

4 *Gadamer*, Wahrheit und Methode, 281-290; *Coreth*, 138-148; *Pieper*, Überlieferung, Kap. III
5 Geschichte der Philosophie I, 20

Vorgreifend gesagt: *Hegels* "objektiver Geist", *Karl Poppers* "Welt III", *Jan Assmanns* "kulturelles Gedächtnis" stehen für ein Universum von Tradition und Autorität, das für Selbstverständnis und Fortschritt der Gegen-wart unersetzlich ist.

*Autonomie* kann auf die (oft als lästig empfundene) *Heteronomie* nicht verzichten, vielmehr wird sie mit deren Hilfe erst, was sie ist und sein will.

Ein Beispiel: Der Logotherapeut *Viktor Frankl* zitiert zustimmend einmal die Einsicht eines Patienten: "Die Menschen sind ganz selbstverständlich natur- und gott-verbunden, nur wissen sie nichts davon".[6]

Die Menschen - lehrt *Frankl* - sind nicht gottlos, sondern, vielleicht wider-strebend, unbewusst (durch ihr Gewissen) mit Gott verbunden.

Eine solche Feststellung ist unverständlich, wenn sie nicht aus der *Tradition* erläutert wird, aus dort vorgefundenen Begriffen wie "Gewissen", "Gott". Im vielzitierten Dialog der Kulturen im multikulturellen Ambiente stößt der westliche Mensch sogleich auf Tradition - auf die Tradition *der anderen*.

Der biblische Gott begegnet dem europäisch-neuzeitlichen Menschen zu-nächst in der Tradition seiner Gesellschaft. Tradition ist Teil des Kompe-tenz-Potentials seiner Gesellschaft.

Die abendländische Tradition erwies in den vergangenen Jahrzehnten christlich geprägte Kraft, z:B. in Aufbrüchen für die Bewahrung der Schöpfung, im weithin kirchlich inspirierten, gewaltfreien Sieg über diktatorische Regimes in der DDR, in Polen und anderswo, nicht zuletzt in zahlreichen Engagements für Flüchtlingshilfe. Will man die Wurzel solcher Engagements und Motive *verstehen*, stößt man auf den Gott der Tradition und gelangt zu einem unerwarteten "Gott-Verstehen".

Dieses aber kann für Fragend-Suchende nur ein Anfang sein. Denn das Verstehen des Gottes der Bibel führt Christen zuletzt zur Auferstehung Jesu Christi mit Zusage an die Gläubigen, dass auch sie "leben werden" (Joh 14,19).

Die Begegnung mit dem im verkündeten und geschriebenen Wort gegenwärtigen Christus (er *ist* selbst "das Wort") wirkt sich gleichzeitig und in der Tiefe aus als Überwindung von Einsamkeit, gar von Todesangst. Diese nämlich sprechen, kaum reflektiert und artikulierbar, aus der Tiefe jeder Person. Eine jede sucht deren Überwindung, ja Heilung im Angespro-chen-werden.[7]

---

6 *Frankl*, Der unbewusste Gott, 55 Anm.2
7 Ausführlich begründet bei *E. Biser*, Verstehen und Heilen - Zur theologischen Wirkungs-geschichte H.G. Gadamers, in: Orientierung 66 (2002), 202 – 205

Die Hermeneutik der christlichen Botschaft bringt also tiefste Befindlichkeiten auch des modernen Menschen ins Spiel.

Doch hier möchten skeptische Zeitgenossen widersprechen: Ein im längst überholten, mythischen Weltbild fest hängender Glaube sei "nicht auf der Höhe der Zeit". Das sei vielfach "bewiesen".

Die buchstäbliche Unvereinbarkeit von mythischem Weltbild einerseits, auf Wissenschaft gestütztem Weltbild andrerseits war schon seit langem Hebel für antichristliche Propaganda - etwa im Sowjet-Kommunismus. Er feierte 1961 die erste bemannte Weltraumfahrt mit *Juri Gagarin* als seine "erste Himmelfahrt": *er* sei zurückgekehrt, doch auf die Rückkehr des zum Himmel gefahrenen "Gottessohns" warte man noch heute.

Schon früher ironisierte ein akademischer Anekdoten-Erzähler einen Theologen, den ein liberaler Zeitgenosse befragt, wie fern "der Himmel" sei. Dessen Antwort "noch ferner als die Milchstraße" kontert er mit der Zusatz-Frage, wie schnell denn Christus damals in den Himmel aufgefahren sei. Des Theologen Antwort: "mindestens so schnell als eine Rakete"! wird sogleich gekontert: "Dann fährt er heute noch!"

Ähnliche Vorbehalte treffen die Erzählung vom sogenannten "Wandel Jesu über das Wasser", die als besonders "unglaubhaft" gilt. Genüsslich können Skeptiker auf den indischen Jogi *Lakschmann Sandra Rao* zeigen, der 1966 öffentlich den Versuch unternahm, über das Wasser eines mannshoch gefüllten Beckens zu schreiten, aber prompt baden ging und Glück hatte, von enttäuschten Anhängern nicht verprügelt zu werden.[8]

Die Pointe solcher Parodien liegt in der Gleichsetzung des bildhaften Bibeltextes ("Himmelfahrt Christi") mit einem *physischen* Vorgang. Sie macht die Bibel unglaubhaft. Die naive, auch heute nicht ganz ausgeräumte Vorstellung (Jesu Auferstehung und Erhöhung "zur Rechten des Vaters" war ein spektakuläres Ereignis in Raum und Zeit) ist ad absurdum geführt, mit der Folge, dass denkende Zeitgenossen sich von christlichen Glaubensinhalten als von einer Zumutung abkehren.

Aber diese verbreitete Optik verdankt sich weithin einer Unkenntnis der Hermeneutik, welche die fremdartig wirkende Glaubensüberlieferung erschließen hilft. Denn *grundsätzlich* gilt:

„Die Vergangenheit ist das Moment der Identität im Menschen,...das Unerbittliche und Schicksalhafte."[9]

---

8 Vgl. DER SPIEGEL 1973 (Nr.40), S. 158 (zwei Fotos)
9 *Ortega y Gasset,* Geschichte als System, 64

Nicht nur entgeht der sich "modern" dünkende Mensch der Vergangenheit nicht, *sie* macht sogar seine Orientierung in der ´modernen` Welt erst möglich – und zwar umso klarer, gefüllter, als er Ansätze, Versuche und Zeugnisse der Vorgänger und Vorfahren bewusst aufnimmt und verarbeitet.

Ein Standard-Spruch des *Homo Faber* lautet bekanntlich: *Wird gemacht! Wir machen das schon!*

Dabei bedenkt er nicht, dass er *nichts machen* kann, wenn ihm nicht zuvor etwas *widerfährt*: eine Anfrage, Bitte, Wahrnehmung, ein Ereignis, eine Einsicht, Entdeckung oder Erfahrung.

Eine Erfahrung macht ein Mensch, wenn ihm bei seiner Ausfahrt in die Welt etwas *wider*fährt. *Ehe* er tätig, ehe er *aktiv* werden kann, ist er *passiv*: erleidet etwas oder hat etwas erlitten (Anstoß, Anregung, Einsicht, Freude, Schmerz). Durch ihre Konstitution sind Menschen schon immer vorausbestimmt: sie sind *Schicksal* früher als ´Machsal` und ´Machen`.

An dieser Verfassung menschlichen Daseins knüpft *Hermeneutik* an. Da kein Mensch beim Nullpunkt anfängt, sondern sein Leben übernimmt als Glied und Zeitgenosse seiner Gesellschaft mit ihrer besonderen Geschichte, kann er auch erst etwas verstehen, wenn ihm *schon Verstandenes* widerfährt, wenn ihm, eigenem Verstehen zuvor, von anderen Verstandenes, in seiner Gesellschaft Verstandenes widerfährt. Dieses zuvor Verstandene begegnet ihm sprachlich, als mündliches oder geschriebenes Wort, als (An)Rede, als Text oder Formel.

An dieser Grunderfahrung setzen Schulbildung, Ausbildung, Lehre und Weiterbildung an.

In beiden Formen des Wortes, unmittelbar (gesprochen) und mittelbar (geschrieben), widerfahren dem Menschen frühere Verständnisse von Welterfahrung. Als „Geist in Welt" unternimmt er es, weil darauf angewiesen, das worthafte Stück Welt (-Erfahrung) verstehend sich anzueignen, sich die in Schriften und Texten objektivierte Interpretation und Deutung von Erfahrungen und Erkenntnissen verstehend einzuver*leiben*.

„Im Fremden das Eigene erkennen" ist nach *Hegel* die Grundbewegung und Grunderfahrung des Geistes. Die Überlieferung, ihre Sprache, Bilderwelt ist zuerst fremd (bloß "objektiver Geist"); *verstanden* aber wird sie zum *Eigentum* des suchenden Geistes, der versteht: hier geht es um mich in meiner Welt (zugleich meiner Mitmenschen Welt)! Ich will und muss *verstehen*, sonst kann ich nicht (über-) leben, weil die Welt, wenn sie nicht "meine" wird, mich als Fremdling, gar Feind wahrnimmt und ausstößt.

Eigenes Verstehen erfolgt mit Hilfe des durch viele – eigene und *an*geeignete (fremde sowie *frühere*) – Vor-Verständnisse gebildeten Verstehens-Horizontes. Aus ihm heraus entwerfen Hörer oder Leser, die verstehen wollen, einen „Vorentwurf" des Sinnes oder Verständnisses, der freilich beständig korrigiert wird gemäß dem, was ihnen bei genauerem oder tieferem Eindringen in Rede oder Text *widerfährt*.[10]

Insofern ist die Zunahme von Verständnis im Bedenken von Welt und Leben ein not*wendiges* Schicksal, gerade auch in Begegnung mit den gedeuteten Erfahrungen der Vorfahren. Verstehende Aneignung überlieferter Erfahrungen bedeutet zunehmendes Bei-sich-sein eines jeden "Geistes-in-Welt", sie erhöht die *Identität* der erkennenden Person.

So liegt es nahe, ja ist zwingend, in eigenes Nachdenken über das Leben Erfahrungen, Zeugnisse der Früheren einzubeziehen. Mit deren Hilfe kann ein Mensch, wo er schärfer und tiefer die Welt versteht, die ihm täglich im Detail, gelegentlich auch einschneidend begegnet, sich klarer zu sich selbst und zur Welt verhalten.

Unter dem Blickwinkel der Hermeneutik widerfährt uns die Welt grundsätzlich *schicksalhaft*, da sie uns in Ereignissen, in Geschichte, in sprachlichen Mustern und Modellen begegnet und uns vor eigenem Wissen und Wollen zugemutet ist.

Da der Lebensgang uns auch in besondere - unbekannte, unverständliche - Situationen versetzt, in die wir „geworfen" werden, entsteht das Bedürfnis, eigene und besondere Schicksale zu verstehen als Aspekte unseres „*geschichtlichen* Daseins" innerhalb der sprachlich vermittelten Interpretations-Gemeinschaft, die uns Welt- und Lebens-Orientierung ermöglicht, und in der wir uns vorfinden, ohne gefragt worden zu sein.[11] *Sich-Verstehen* ist folglich bedingt durch Verstehen des jeweils "Anderen".

Zu diesem "Anderen" gehört angesichts abgründiger Lebensfragen auch, wie u.a. *Jaspers* bezeugt, die jüdisch-christliche Überlieferung mit dem Anspruch, göttliche Offenbarung zu vermitteln. Sie aber präsentiert sich in heute fremdartigem, mythischem Gewand.

---

10 *Gadamer*, Wahrheit und Methode, 271
11 *Vattimo*, Das Zeitalter der Interpretation, in: *R. Rorty / ders.*, Die Zukunft, 49ff.

## 3. *Das Heilige und das Abgründige*

Manche bewegt die theoretische Frage, ob eine göttliche Offenbarung für heutige Menschen sich nicht ganz anderer Ausdrucksformen und Bilder bedienen müsste, als die Bibel sie bietet. Sie meinen, die Bibel sollte in Anschauungen und Vorstellungen der modern-postmodernen Zeit geschrieben und erklärt werden, soll sie heutige Menschen ansprechen. Eine verständliche Meinung - schon weil die Bibel aus zwei antiken Sprachen in eine moderne übersetzt werden muss, soll sie heute etwas ´sagen` können.
In der Tat müssen die Dolmetscher die historisch-mythische ´Bilderwand` der Bibel lesen und verstehen können, ja müssen überzeugt sein, diese ´Bilderwand` könne, erklärt, auch heute Orientierung geben.
Dazu ist noch etwas anderes zu bedenken. Die Menschheit verfügt über eine Symbol-Sprache, die unersetzlich, zugleich verstehbar und erlernbar ist. Theologen gehen heute davon aus, dass Gottes Offenbarung vor zwei- bis dreitausend Jahren stattfand, *weil* an einem Ort der Menschheit ein entsprechendes geistiges Aufnahmevermögen entwickelt war, *weil* Sprach- und Ausdrucksformen bereit lagen, um Gottes Offenbarung *angemessen* in Wort und Bild zu fassen. Und der Zeitrahmen für Auf- und Annahme, Formulierung und Auslegung empfangener Offenbarung, wie die Bibel sie bietet, erstreckt sich über mehr als tausend Jahre.
Die Einbeziehung von Elementen altorientalischer Mythen und mythischer Elemente in die Bibel durch ihre Autoren war weder Verlegenheit noch Berechnung. Sie kam aus der Gewissheit, dass sie *Wahrheit* menschlicher Existenz unter Gottes Zuwendung aufleuchten lassen. Biblische "Mythen" sind *mehr* als phantastische Konstrukte mit Verfallsdatum; in ihnen erscheint erfühlte, erlebte und erkannte *Wahrheit* für das Wagnis menschlicher Existenz.
Mythen sind, mit einem Ausdruck des Philosophen *Karl Jaspers* (1883-1969), "Chiffren" (Zeichen, Symbole) für das Abgründige hinter oder jenseits der baren Existenz. Ähnlich lehrt der Theologe *Paul Tillich* (1886-1965): Repräsentative Symbole und Komplexe solcher Symbole, d.h. Mythen, seien "die einzige Sprache, in der sich die Religion unmittelbar ausdrücken kann", weil solche Symbole "über sich hinausweisen" auf eine religiöse Wirklichkeit, "an der sie teilhaben" - nämlich auf das Numinose, „Heilige".[12]
Jedoch reichen Kenntnisse in Mythologie und Symbolsprache für tiefere Erfassung biblischen Glaubens noch nicht aus. Der Glaube wird überliefert,

---

12 *Tillich*, Symbol , 3ff; s.a. *R. Otto* !

ausgelegt, gelebt und bezeugt in der Kirche als *Glaubensgemeinschaft*, die - didaktisch wie kultisch - eminent *hermeneutische*, vitale und soziale Bedeutung für jedes Verständnis biblischer Glaubensaussagen hat und behält. Das wird klarer, wenn später das Verhältnis zwischen Mythos und Kult (Gottesdienst) zum Thema wird.

Neben die hermeneutische tritt die *theologische* Bedeutung der Glaubensgemeinschaft (Kirche), da man sich dem biblischen Gott nicht nähern kann ohne seinen freien, quasi konstitutiven Bezug zum Gottesvolk des Alten und des Neuen Bundes wahrzunehmen.

Diese Zusammenhänge, die auch das philosophische Menschenbild berühren,[13] verdichten sich in der kontinuierlichen *Überlieferung* der Kirche, mag diese ihre Tradition oft auch zu statuarisch behandeln.

Der agnostische Philosoph *Karl Jaspers* bestätigt die Bedeutung der hermeneutischen Bemühung: Der denkende Mensch gewinne seine Erfüllung nicht im Abstrakten, "sondern in seiner Geschichtlichkeit":

Die Moderne - fährt er fort - führe den Entscheidungskampf "um das Wesen des Menschen", der, falls ihm Religion ganz fremd würde, seine Identität nicht behalten, sondern sich fundamental verändern würde. Allerdings suche der *Philosoph* zwischen den Alternativen "kirchlicher Glaube" - "Unglaube" einen Glauben eigener Art: „Dieser Glaube ist *in* der Vernunft *mehr* als Vernunft".[14] Auch philosophischer Glaube könne nur gedeihen bei positiver Einstellung sowohl zu konfessionellem Glauben wie zu dezidiertem Unglauben, er müsse deren Traditionen kennen, verstehen und würdigen.

Denn die Natur, die Welt im Ganzen sind nicht so einfach, klar und übersichtlich, wie Zeitgenossen, die *an* Naturwissenschaft und Technik *glauben*,[15] sie gern sehen möchten.

Man glaube nicht - betont ein anderer Philosoph -, "die Welt ... sei ein rationales, errechenbares Gebilde ... Diese Welt kann auch dunkel, unheimlich, dämonisch erscheinen, ... weil sie auf ihrer Oberfläche berechenbar ist und sich in ihrem Grund doch immer wieder allen Berechnungen entzieht".[16]

So ist es eigentlich das zentrale Bedürfnis jedes Menschen, diese unübersichtliche, komplexe, zeitweise auch erschreckende, bedrohliche Welt so gut als möglich *verstehen* zu lernen, um ihr gewappnet begegnen, von

---

13 Dazu etwa *Coreth*, Grundfragen, bes. Kap.4
14 *Jaspers*, Vernunft, 142f
15 An Naturwissenschaft und Technik glauben heißt erwarten, dass sie alles Wissenswerte und Lebenswichtige bereit *stellen können und werden*.
16 *Möller*, 19

ihrem Reichtum zehren, ihr auch widerstehen und sich aufs Ganze in ihr am Leben halten zu können. Dazu bietet jede Art überlieferte Weltanschauung wertvolle Hinweise.

Darauf bezieht sich das Plädoyer von *Karl Jaspers*.

Glaube wie Unglaube sind nach *Jaspers* im Tiefsten Antwortversuche auf ambivalente, erschauern machende Erfahrungen in jedem Menschenleben: Leid, Tod, Kampf (Konkurrenz, Rivalität; Zwietracht - auch mit sich selbst), das Böse ("die Leidenschaft zur Nacht"), Schuldig-Werden, Einbrüche des Zufalls. Diese unvermeidlichen Grundgegebenheiten des Menschenlebens nennt er "Grenzsituationen".[17]

Der vernünftige Glaube registriere - so *Jaspers* - die Gegensätze in der Welt, sehe hinter ihnen sowohl Gott wie das *Chaos* im Urgrund von allem, was ist und geschieht - *Namen* aber seien nur "Chiffren".

*Jaspers*' Auffassung, hier nur angedeutet, steht geschichtlich, obgleich nuanciert, in Verbindung mit dem frühgriechischen Dichter *Hesiod* (8. Jh. v. C.), der das Chaos für die Mutter von Menschen und Göttern hält und zugleich die Wirklichkeit, ja Erfahrbarkeit von Göttern betont.

Frühe Denker suchen das Untergründige, das jenseits der Tageshelle Rumorende, zu Zeiten Hereinbrechende in einer Art stammelnden Denkens zu benennen.

Für *Heraklit* (6.-5. Jh. v. C.), überzeugt, alles Geschehen folge aus Gegensätzen, ist der unaufhörliche *Fluss* die Verbindung zwischen ihnen.

*Empedokles* (5. Jh. v.C.) sieht die Gegenspieler *Liebe* und *Streit* als die zwei Grundmächte der Welt.

Er inspiriert in der Moderne *Sigmund Freud*. Dessen Schrift "Das Unbehagen in der Kultur" blickt am Ende auf den ständigen Kampf zwischen den "himmlischen Mächten" Todestrieb und "ewiger Eros".

Ihm folgt sein Schüler *Erich Fromm* und stellt der "Kunst des Liebens" die "Anatomie der menschlichen Destruktivität" gegenüber.

Auch für den Psychoanalytiker *Alexander Mitscherlich* ist die "Aggression" positiv-negativ "Grundmacht des Lebens". Ihre Verderblichkeit sei dank "unausrottbarer Dummheit" der Menschen nur bedingt zu dämmen. Er rät zu vertiefter Erforschung des Unbewussten und Erziehung zu gegenseitigem Respekt (Friedenspreisrede 1969).

Angesichts zweier Weltkriege, der *Shoah* und weiterer, tausendfaches Leid und unfassbare Grausamkeit mit sich führender regionaler Kriege und Terrorakte empfinden viele Menschen wieder die Grenzen des Machbaren,

---

17 *Jaspers*, Einführung, 18

spüren aber auch das Ausgeliefertsein an Mächte und Gewalten, die sich von Klugheit und gutem Willen nur wenig beeinflussbar zeigen.

Die der Bibel bekannten "Mächte und Gewalten" erscheinen ambivalent: sie nehmen lokale und regionale Stimmungen, Ängste, Aggressionen, Konflikte auf und verstärken sie, wie auch umgekehrt freundliche Aufbrüche, Friedensinitiativen, Bewegungen für Gerechtigkeit, Achtung der Kreatur und Vergleichbares. Die Physik (Chaos-Theorie) lässt die Macht der "Schmetterlinge" ahnen. Durch Iteration und Rückkopplung entstehen psychische und geistige ´Wetterfronten`, Wetterumschwünge mit "Hochs" und "Tiefs", Stürmen usw. Nicht zufällig werden Wetterzustände und Jahreszeiten - "Abkühlung", "Herbst", "Frost", "Winter", "Eiszeit", "Tauwetter", "Frühling", usw. - in der täglichen Sprache auch auf menschliche, politische, gesellschaftliche Zustände angewandt. Derartigen Phänomenen - einem großräumigen psychischen Wetterumschwung oder einer geistig-ideologischen Großwetterlage - steht der einzelne Mensch meist ähnlich machtlos gegenüber wie den Wettergebilden: er kann sich nur vorsehen.

Vor solchen Erfahrungen des Übermächtigen im Ur-Streit zwischen Gut und Böse spricht das Neue Testament von "Mächten und Gewalten". So sieht der Autor des Epheserbriefs die Christen einer stets lauernden Gefahr ausgesetzt, wenn er sie mahnt, sie müssten nicht gegen "Blut und Fleisch" kämpfen, "sondern gegen die Mächte und Gewalten, gegen die Weltherrscher der Finsternis, gegen die Geisterschaft des Bösen" (Eph 6,11f). Das NT kennt die erfahrbare Welt "nur entweder als Gabe Gottes, des Schöpfers oder als bedrängendes Medium des Bösen".[18]

---

18 *Schlier* (1958), 13

**Chaoskampf** – *Muscheltäfelchen, evtl. akkadisch (3. Jt.)*

24a

## 4. *Mythos und Offenbarung*

Schon um die Wende vom ersten zum zweiten Jahrhundert sehen sich Leiter christlicher Gemeinden veranlasst, die Christen vor "Mythen" zu warnen: als Gläubige seien sie nicht "ausgeklügelten Mythen" gefolgt, ihre Lehrer hätten sie vielmehr die "kraftvolle Ankunft unseres Herrn Jesus Christus erkennen lassen", von dessen "Größe sie Augenzeugen seien" (2Petr 1,16). Auch sahen jene die Gefahr, dass Christen sich von der "Wahrheit" abwenden und sich wieder "Mythen" zuwenden (2Tim 4,4).

Die frühe Kirche versteht also ihre Gottes- und Glaubensverkündigung als "Wahrheit" im Gegensatz zu Mythen, gedeutet als erdichtete Geschichten. Das früheste Christentum stand demnach Mythen damaliger Zeit (wohl vor allem apokalyptischer und gnostischer Herkunft - d.h. ´jungen` Mythen) kritisch gegenüber und verteidigte gegen sie den christlichen Glauben als *Wahrheit*.

Allerdings enthält auch die Bibel mythische Vorstellungen und Bilder - wenig verwunderlich für Kenner damaliger Kultur und Sprachwelt, die nur in dieser Form auch die Welt und Kultur der göttlichen Offenbarung sein konnte.[19] Die Offenbarung oder "Selbstauslegung Gottes" (*Schlier*) kommt wirklich zu Wort in der mündlichen und schriftlichen *Überlieferung* der Urkirche. Die Überlieferung in der ursprünglichen (biblischen) Gestalt ist zugleich die Sprache derer, die diese Selbstoffenbarung Gottes *erfahren und verstehen*. Das bestätigt auch *Paulus* der Korinther Gemeinde, etwa betreffs des "Herrenmahles".

Da biblische Überlieferung die (zuvor) erfahrene Selbstauslegung Gottes ins Wort und Bild fasst und so bewahrt, ist sie, hermeneutisch gesehen, gleichzeitig Ort des *Verstehens* dieser Offenbarung.[20]

Dann sind aber *auch mythische* Elemente in der überlieferten Gottes-Offenbarung *primäre* Elemente für ihre Wahrnehmung, für ihr Verstehen. Hier geschieht Entwicklung "vom Mythos zum Logos" - nicht zum Logos der Philosophie, sondern zum *Logos* schlechthin, zum Logos (Wort, Sinn) göttlicher Offenbarung (Joh 1,1-14). Mythisches ist, wo es in der Bibel auftritt, authentisches *Element* der Offenbarung.

---

19 *Schlier*, Das Neue Testament u. der Mythus, in: *ders.*, Besinnung, 83; umfänglich *Drewermann*, Strukturen III Exkurs
20 *Schlier*, Was heißt Auslegung der Hl. Schrift?, in: Besinnung, 42

Auch im modernen Judentum erkannte man: "der vitale Kern der Religion" liegt "nicht im abstrakt-begrifflichen, sondern im bildhaft-symbolischen Denken".[21]

Die Funktion mythischer Schemata ist es, "auf etwas eigentlich Unfassbares" hinzuweisen, das nur anzudeuten ist. Dies eigentlich Unfassbare umschreibt das NT mit "Auferstehung Christi", seiner Erhöhung und Wiederkunft, worauf die übrigen Tatsachen, angefangen von Jesu Geburt bis zum Tod am Kreuz, sich hinbewegen (wie die Rückschau der Evangelisten zeigt).

Der entscheidende Unterschied im christlichen Glauben, der seine Theologen schon früh vor "erdachten" Mythen warnen lässt, liegt in der Gewissheit: die Gemeinden sind in Christi Auferstehung als *zentraler Tatsache* der göttlichen Offenbarung verwurzelt. Das unterscheidet sie qualitativ von frühen Mythen und deren Immer-schon-Botschaft.

Deshalb holen die Evangelisten die Chiffre des mythisch-apokalyptischen Menschensohns vom Himmel herunter in die konkrete *Geschichte* des Jesus von Nazareth, weil, für ihre Erfahrung, mit *seinem* einmaligen Geschick der Himmel auf die Erde gekommen ist. Sie verbinden also Himmel und Erde, weil nur mit der so geerdeten mythischen Chiffre *angemessen* von Jesus Christus, von der mit dem Auferstandenen erfahrenen Herrlichkeit geredet werden kann.

Da manche mythische Bilder ein "Vorverständnis des Heilsgeschehens" enthalten, legt die Bibel "im kritischen Gebrauch bestimmter ... Mythen-Fragmente das Offenbarungs-Geschehen aus". Christus bildet sozusagen "das Ende ... auch des Mythos" in seiner bisherigen Form. Daraus folgt, dass im NT der Mythos "bereits entmythologisiert ist". Denn das NT ruht ja auf dem Glauben an JHWH, den Gott der *Geschichte* im AT, der seinerseits die Mythen der Nachbarvölker bereits gebrochen hat [22]

Hier liegt zugleich (im Blick auf den Symbolbegriff von *Paul Tillich*) ein Kriterium bereit für *angemessene* religiöse Verwendung mythischer Bildsprache. Die darin angesprochenen Gestalten und Mächte sind *entgöttlicht* (polytheistisch betrachtet), sie werden integriert im Sinne bloßer *Verweisung* auf Gott oder Christus.

Zugleich *kann* (nicht: muss) von den Mächten und Gewalten in quasi personaler Art und Weise geredet werden - nicht weil sie derart beschaffen sein müssten, sondern weil nur der Mensch, das personale Wesen, *alle*

---

21 *Zumbroich* verweist auf die positive Würdigung des Mythos bei *G. Scholem* und *M. Buber* (a.a.O., 12)
22 *Schlier* in kritischer Aufnahme der Intention *Bultmanns*: Das NT u. der Mythos, a.a.O., 94f

Dimensionen der uns zugänglichen Wirklichkeit vereint und die Mächte das, was sie sind, *ihm gegenüber* sind. Auch andere Realitäten werden vom Menschen her und bezogen auf ihn symbolisch benannt - ist ja die ursprüngliche Relation jedes Menschen die zum *Du*, nicht zum Es.[23] Ein weiteres Motiv liefert die Erforschung rabbinisch-mystischer Bibel-Deutungen: Personalisierung der Chaos-Mächte in der Bibel, in frühen Kommentaren will die Widerständigkeit der Wirklichkeit und Kontingenz ihrer Ordnungen betonen, jene Widersetzlichkeit, die auch dem Schöpfer jeweils aktuell entgegentritt.[24]

Das gilt sinngemäß auch dort, wo die Bibel Gott feindliche Mächte motivisch durch Raubtiere oder aus dem Meer aufsteigende Drachen darstellt: mythische Gestalten, die nie um ihrer selbst willen auftauchen, sondern im Rahmen der guten Botschaft, dass der biblische Gott deren Macht begrenzt für jene, die sich ihm glaubend anvertrauen.

Diese Erkenntnis und Botschaft ist in der Bibel von Anfang an präsent.

Die Rede vom Chaos (*tohu wa bohu*) in Gen 1,2 meint nicht einen Zustand ´vor aller Zeit`, keinen nackten Urgrund (in der Art antiker Mythologie oder moderner Existenzphilosophie), noch ein Schwarzes Ur-Loch (Kosmo-Physik), sondern bezeugt eine Grund-Möglichkeit, ja Gefahr, die beständig droht: dass alles Bestehende im Abgrund des Nicht-mehr-Seins, des Nichts versinkt.

Die Schrecken und Verwüstungen des Zweiten Weltkriegs öffneten Theologen, die sie erlebten, neu die Augen: dass "das Chaotische schlechthin die Bedrohung alles Geschaffenen bedeutet, das ist eine Urerfahrung des Menschen und eine ständige Anfechtung seines Glaubens".[25]

Vor diesem Hintergrund teilt der priesterliche Autor von Gen 1 seine Gewissheit mit: der Schöpfer hat durch sein Wort alles Bestehende dem nichtigen Abgrund entrissen, hebt es unaufhörlich heraus. Das Gegebene, Bestehende kann vom Menschen als *Mit*schöpfer aber nur bewahrt werden, wo er das Leben spendende Wort Gottes hört und hält. Die Sintflut-Erzählung Gen 6-8 veranschaulicht: wenn der Mensch auf das Leben stiftende Wort des Schöpfers nicht hört, zieht "JHWH" sein Wort zurück (Gen 6,7ff), d.h. lässt es unverständlich, unwichtig, "unrealistisch", "überholt" erscheinen, mit der Folge, dass die Schöpfung in der Flut menschlicher Gewalttat versinkt, ausgenommen wenige Gläubige um *Noach*, die

---

23 Bis heute haben Menschen die mal launige, mal sentimentale Gewohnheit, Gegenstände und Tiere zu duzen.
24 Vgl. *Zumbroich* 13f. 40ff
25 *von Rad*, (1949/⁸1967), 38; s.a. *Trigo*, Schöpfung, bes. II. Vom Chaos/Kosmos-Horizont zum Schöpfungsglauben, 74-110

sich mit ausgewählten Tieren (selber der Gewalt entronnen) in die Arche retten (Anspielung auf die Bundeslade, die JHWH`s Wort verwahrt).

Die biblische Sicht von Gott, Welt und Mensch stellt den Gegen-Entwurf dar zu der offen oder auch insgeheim vertretenen Überzeugung, *Homo Faber*, der wissenschaftlich-technisch gerüstete *Mensch* sei das Maß aller Dinge, wenn er, quasi Erbe des antiken Titanen *Atlas*, Himmel und Erde stemmen will. Er meint, er könne sie tragen mit Mut, Vernunft, Disziplin, zivilisatorischen "Standards", notfalls mit Drohung und Gewalt. Es ist der Mythos vom "modernen Menschen".

Doch erkennt er: die Welt, die er steuern will, tritt ihm mit unaufhörlich wechselnden Fratzen des Chaos entgegen. Meint er, dauerhafte Ordnung *geschaffen* zu haben, erfährt er einmal mehr, dass auch sie, angesteckt von der Unruhe der Welt, ins Wanken gerät, seine Mühen, Drohungen, Verträge und Unterschriften Lügen straft.

Die Bibel hört nicht auf zu lehren: Gottes Erschaffung der Welt durch Bannung der Chaos-Macht ist nicht abgeschlossen. Gott schenkt sie abhängig vom *Hören* Israels ("Š$^e$ma Jisrael"), der Kirche und aller, deren Gewissen hört auf Sein Leben stiftendes Wort.

Auch moderne Menschen vermögen die "mythische" Sprache der Bibel zu verstehen: sie redet von wohlbekannten, viel-namigen, stets aktuellen "Mächten und Gewalten" und von Dem, der sie zähmt.[26]

Doch die warnenden Stimmen an die säkularen Gesellschaften haben es schwer, den trägen "mainstream" aufzuschrecken. Glaube an die schlussendlich "machbare" Welt, aber auch müde Schicksalsergebenheit sind so verbreitet, dass der Gedanke an Glauben, an gläubiges *Gebet* um Gewährung unverfügbarer Güter oder um Bewahrung vor dem Bösen und vor drohenden Übeln vielfach "kein Thema" ist.

Man möchte glauben, man stehe auf relativ festem Boden, glaubt es solange, bis er ... nachgibt.

Viele Zeitgenossen sind zudem bestimmt von Angst davor, sich in das Land des naturwissenschaftlich-technisch *Ungesicherten*, Nicht-Überprüfbaren - in die Wüste also - zu wagen. Wie soll man Kontur, Halt, Stand finden im Ungewissen, im Raum purer Verheißungen?

---

26 Man kann vermuten, dass die Personalisierung des Bösen - in "Satan", "Teufel" usw. - indirekt den Schöpfer spiegelt: wo der Mensch die Schöpfungsordnung verkehrt, erlebt er in der Folge, dass sie ihm, bleibend intelligent, nun als *Feind* begegnet. Dieser Gesichtswechsel deutet sich bei Hiob an: der Leidende erschrickt bei dem Gedanken, Gott sei ihm wie einem Gesetzesbrecher zum "Feind" geworden (19,11).

Die Bibel selbst kennzeichnet diesen Schritt als unabsehbares Wagnis, macht es an *Abraham* als Prototyp des Glaubens fest (Gen 12,1-5; Hebr 11,1.8-12).

## 5. *Der Teil und das Ganze*

Der namhafte Kosmologe *Steven Weinberg* schrieb über den "Urknall" den Bestseller "Die ersten drei Minuten". Er endet mit dem Blick hoch aus dem Flugzeug auf die "freundliche und anheimelnde" Erde, auf Wolken wie "Flaumfedern", Schnee, vom Sonnenuntergang in "rötliches Licht" getaucht. *Weinberg* befremdet dabei der Gedanke: Das so Wahrgenommene sei "nur ein winziger Bruchteil eines überwiegend feindlichen Universums". Zwar hebe die Mühe, das Weltall zu verstehen, "das menschliche Leben ein wenig über eine Farce hinaus", leihe ihm "einen Hauch von tragischer Würde". Doch je begreiflicher das Universum werde, "umso sinnloser" erscheine es auch.

Diese Äußerung eines berühmten Spezialisten ist keine Frucht schlechter Laune. Sie beleuchtet die Distanz zwischen erfolgreichem Verstand und unerfüllter *Sinn*-Suche von Menschen: diese kann Naturwissenschaft allein nicht befriedigen. *Weinberg* behauptet nicht, Forschung leiste keinen Beitrag zur Sinn-Suche. Doch kommt ihm deren Ertrag offenbar wenig ergiebig vor.

Diese Not erinnert den Religionswissenschaftler *Ulrich Mann* an "das religiöse Bedürfnis der Seele", das eigentlicher "Zielpunkt des Mythos" sei. Wo *Naturwissenschaft* das jeweils Neue, ja Neueste der Forschung biete, das aber morgen schon überholt sein kann, weise der *Mythos* auf "das Gültige in allem Wandel" und gebe "Kunde davon, dass wir nicht völlig verlassen sind". Dafür stehe das biblische Wort: "Fürchte dich nicht! ich bin der Erste und der Letzte und der Lebendige; ich war tot, und siehe, ich bin lebendig von Ewigkeit zu Ewigkeit und habe die Schlüssel zu Tod und Totenreich!" (Joh Apk 1,17f).

Dieses große Wort belege auch, dass "im Ersten und im Letzten (...) Logos und Mythos eins (sind)".[27]

Ein jüngerer Kollege *Weinbergs*, selbst namhafter Astrophysiker, ergänzt diese Überlegungen.[28]

Mit dem Dichter *Walt Whitman* würdigt er das Recht, den Sternhimmel still und schlicht zu empfinden, statt ihn nur rational als Objekt aus Zahlen und Tabellen zu analysieren (a.a.O., 54ff). Auch für einen Dichter wie *Eduard Mörike* "lächeln alle Sterne; ich kniee, ihrem Lichtgesang zu lauschen".

---

27 Schöpfungsmythen, 35-46

28 Das Folgende ist ein Resümee der Überlegungen von *Benz*, Das geschenkte Universum. Sie lassen *Bultmanns* Ansinnen, "unwissenschaftliche" Aussagen der Bibel mit "mythologischen" gleichzusetzen, obsolet erscheinen.

Die Pracht des nächtlichen Sternhimmels kann auch ein Forscher-Herz entzünden, sodass *beide Arten* von Erfahrung ein und denselben Menschen entzücken und bereichern (a.a.O., 11f).

Auch machen Menschen mit geöffnetem Herzen die außer-wissen-schaftliche Erfahrung, dass - neben und hinter Hindernissen und Gefahren - in der Welt ein "Überschuss an Güte" wahrnehmbar ist, ein Sinngehalt, der das Leben lebenswert macht (a.a.O., 59ff).

Was wir "Wirklichkeit" nennen, ist mehrschichtig. Wirklich sind nicht bloß nackte Fakten, die man beobachtet, misst und *fest*stellt. Werden festgestellte Fakten in einer *Theorie* vereinigt, ist die Theorie *kein Faktum*, ist nicht auf dieselbe Art wirklich und feststehend wie ein festgestelltes Faktum.

Zudem *erleben* Menschen Ereignisse wie Zuwendung, Liebe, Krankheit und Tod als viel wirklicher denn nüchterne Daten der Naturwissenschaften (a.a.O., 91f). Das hat auch damit zu tun, dass die jeweiligen Forschungs-methoden der Naturwissenschaften objektiv, d.h. *gegenstands*bezogen sind, dass sie definitionsgemäß alle anderen - subjektiven - Erkenntniswege ausgrenzen, von vornherein also nicht beanspruchen, die Totalität der Erfahrung und der Wirklichkeit abzubilden.

Das - methodisch begründet - Ausschnitthafte der Naturwissenschaften bedingt zwangsläufig auch, dass ihre Ergebnisse keine Spur von Gott enthalten (a.a.O., 93ff). Menschen können - und die meisten erfreut das mehr als eine wissenschaftliche Analyse - sich teilnehmend in der sie umgebenden Natur bewegen, sich von Tieren, Blumen, Bäumen, Bergen, einem Ausblick anrühren lassen oder an einem Kunstwerk (Gemälde, Komposition) teilnehmen, die eine - oft sprachlose - Mitteilung oder Bot-schaft an Betrachter oder Hörer enthalten und eine *Resonanz* in Form von Freude, Betroffenheit u.a.m. bewirken (a.a.O., 96-101).

Menschen fragen überdies immer wieder nach dem *Ganzen* und finden Antwort nicht auf dem Weg von Messung oder punktgenauer Beobachtung, sondern mit Hilfe von *Deutung* (a.a.O.110-114).

Zur Zeit der europäischen Aufklärung deutete man das Universum als Uhr-werk, die Moderne vergleicht es entweder mit einem Super-Computer oder mit einem sich selbst organisierenden Organismus. Keine dieser *Deu-tungen* verdankt sich einer Beobachtung oder Messung. Menschen sind aber fähig, selbst das Weltall als Teil oder Ausschnitt einer übergeordneten Wirklichkeit, eines *größeren Ganzen* zu denken. Das *Ganze* ist aber kein Datum, auch keine Summe von Daten, es lässt sich nur *analog* und *symbolisch* ins Wort fassen.

Wenn etwa *Pascal* den Menschen ein "denkendes Schilfrohr" nennt, das wegen der Fähigkeit zu denken nobler sei sogar als das Universum, das nur wirke, aber nicht denke (Pensées fr. 347), entspricht diese Äußerung keinem festgestellten Faktum, ist jedoch eine *begründete Deutung und Analogie.*

Denkenden Menschen geht es im Ganzen stets *um sie selber,* und analytische Wissenschaft ist nur eines ihrer Werkzeuge. So können sie die Welt mit ihren Wundern und Tiefen auch als *Schöpfung Gottes* deuten und auf *Gründe* verweisen, nicht auf naturwissenschaftlich erfasste Faktoren. Wohl aber ist die Deutung der Welt als Schöpfung das Ergebnis eines Blicks auf das Ganze, der die Staunen erregende Ordnung ("Kosmos") der Welt, ihre Wunder und beglückenden Erfahrungen deutet.

Andere, die feinfühlig das Dunkle und Schmerzliche in der Welt registrieren, können zu einer konträren Deutung gelangen: Im geheimen, unsichtbaren Untergrund der Welt walte *das Chaos,* das sie am Ende wieder aufnehmen wird.

Mit auf das Ganze gerichteten Deutungen suchen Menschen ihre Stellung in der Welt zu erfassen und den Sinn ihres Daseins zu verstehen.

Wenn Wissenschaftler (wie *Monod, Weinberg*) im Menschen einen sinnlos im Weltall umher irrenden Vagabunden sehen, geben sie eine weltanschauliche *Deutung* des Menschen, die durch methodische Beobachtungen und Messungen ihrer Wissenschaft nicht verifiziert noch verifizierbar ist, vermutlich aber subjektive Ingredienzen ihres Welt-Erlebens enthält. Sie bietet sich als Alternative, wenn man das Sein von Göttern oder Gott negiert oder für unerkennbar hält.

Die *Deutung* der Welt als *Gottes Schöpfung* kann u.a. an der Beobachtung ansetzen, dass in ihr immer wieder auch *Neues* entsteht: *qualitativ* Neues. Dieses ergibt sich aus der auf das Universum ausgedehnten Evolutionstheorie. Dem Zerfallen und Sich-Auflösen entgegengesetzt entsteht immer wieder Neuartiges. Daher sieht der Astrophysiker *Benz* ein "kreatives Prinzip" im Kosmos arbeiten, mag es auch mit rein naturwissenschaftlichen Mitteln nicht fassbar sein.

Hier kommt der Beobachter dem theologischen Begriff *Schöpfung* nahe. Sie ist aber nicht mit dem "kreativen Prinzip" gleichzusetzen, da dieses ja als ein der bestehenden *Materie* und ihrer Dynamik *innewohnendes* Gestaltungsvermögen angenommen wird.

*Benz* betont, dass "Schöpfung" im theologischen Sinn etwas *Geistiges* ist oder sein muss: eine *Idee* oder *Ordnung*, die sich im Stoff und in Gestaltungsprozessen nicht nur quantitativ, sondern *auch qualitativ* auswirkt, die stofflichen Bestandteile zu et-*was*, einem *Was* macht. Das je Neue ist nicht bloß die Summe seiner Teile, sondern ein Neues zu allem Vorausgehenden; es konfiguriert eine neue Idee: "Ordnung aus Chaos" (*Ilya Prigogine*).

Zum biblischen Begriff von Schöpfung zählt noch die Resonanz-Erfahrung der Menschen, die das Neue, Neugeschaffene als "gut", als Ausdruck von *Güte* erleben (von *Benz* eigens erwähnt).

Biblische Rede von Schöpfung bezieht die *existenzielle* Erfahrung der Menschen mit *Gütern* ein: die Menschen entdecken *Schöpfung* gleichsam als *Gabe* von *Güte* inmitten von Vergehen und Zerfall.

Diese Sicht geht zweifellos über das Spektrum naturwissenschaftlicher Aussagen hinaus, ist aber dem wissenschaftlichen Befund *kompatibel* (a.a.O., 122-130). *Benz* weiß: der Glaube an *Schöpfung* setzt existenzielle Erfahrungen voraus; der kosmologische Befund widerspricht aber der Idee "Schöpfung" nicht, ermutigt eher zu ihr, obwohl "Schöpfung" kein Datum der Kosmologie sein kann. Der Ausdruck *Schöpfung* spricht eine andere Fähigkeit des Menschen an, die gleiche, die etwa eine Ikone betrachtet und versteht.

*Resümee*: das naturwissenschaftlich-kosmologische Zeitalter hindert nicht, an Gottes Schöpfung, auch an Gottes Heils-Engagement in Christus zu glauben. "Naturalismus" ist keine naturwissenschaftlich gesicherte, gar aufgenötigte Weltanschauung. Sie ist eine gewählte, den naturwissenschaftlichen Erkenntnisweg verallgemeinernde, absolut setzende *Deutung*. Wer sie glaubt, glaubt einen ´modernen` Ersatz-Mythos vom Anfang der Dinge und vom Walten kosmisch-evolutiver "Mächte und Gewalten".

Diese Überlegungen lassen sich noch vertiefen.

## 6. Symbole und Ur-Worte

Nach klassisch abendländischem Denken (noch *Kants* Kritiken erinnern daran) vollzieht sich menschlicher Geist denkend-strebend vor dem *Horizont* des Unbedingten, Wahren, Guten, Schönen, des *Sinns*. Göttliche *Offenbarung* wäre philosophisch deutbar als *geöffneter*, quasi ´nahe gerückter` *Horizont*.[29]

Auch diese abstrakt klingende Aussage ist bildhaft (Horizont, öffnen, nahekommen).

Die "primitiven" Völker unterscheiden genau zwischen der Wahrheit des Mythos und "falschen Geschichten" (Fabeln), pflegen den Unterschied in der Art der Rezitation, Wahl der Hörerschaft u.a.m.[30]

*W.F. Otto* vertritt nachdrücklich: überkommener echter Mythos kann keine Phantasie- oder Traumgeburt sein. Vielmehr entspringt er "dem klaren Schauen des geistigen Auges, das dem Sein der Dinge geöffnet ist". Der moderne Mensch gehe mit dem Begriff *Mythos* viel zu leichtfertig um. Das Prädikat *Mythos* gebühre nur jener Gattung von Erzählungen alter Kulturen, die dort höchste Ehrfurcht genössen, da sie den "Charakter der Heiligkeit" besäßen: sie gehörten "einem anderen Seinsbereich an", griffen dynamisch, machtvoll, "gestaltend ins Leben" ein. Sie sprächen im Wort, aber *auch* in Verhalten und Tun der Menschen, in der "großartigen Sprache der Tempelbauten und der Götterbilder".[31]

Auch der Philosoph *Martin Heidegger* sucht *Wahrheit* nicht nur statisch, sondern als *Geschehen* aufzuzeigen, das sich Betrachtern eines griechischen Tempels oder Hörern und Lesern einer attischen Tragödie verbirgt, zugleich "entbirgt" und auftut.[32]

Auch mythisches Reden der *Bibel* will Aussicht auf Gott eröffnen, dessen "Lichtwucht" (*Martin Buber*) sich den Autoren und hinter ihnen stehenden Gemeinden mitteilte. Sie setzt an bei der Erfahrung, dass Wahrheit sich geschichtlich, *als Geschehen* und *im* Geschehen eröffnet: Wahrheit der Welt, Wahrheit des Menschen, Wahrheit von Leben und Tod, Schuld und Sühne, Wahrheit von Gott, Göttern, Dämonen und Menschen, Wahrheit von Mächten, Wahrheit von Kampf, Sieg, Gericht und Untergang.

---

29 Näheres dazu bei *Coreth*, Grundfragen, Kap. IV 5+6; *Rahner*, Grundkurs des Glaubens, 173-177; *Frankl*, Der unbewusste Gott, 73-79. 85-88
30 *Eliade*, Mythos und Wirklichkeit, in: *ders.*, Vom Wesen des Religiösen, 186-200
31 Theophania, 24f
32 *Heidegger*, Der Ursprung des Kunstwerkes. Allerdings verbleibt, wie *Heidegger* vermerkt, die Eröffnung der Wahrheit in seinen Beispielen im Bereich der *Physis*, dennoch offen für *mehr*.

Das mythische Sprachwerk öffnet - wie ein Tempel in einsamer Landschaft oder eine das Ungeheure zwischen Himmel und Erde atmende Tragödie - den Blick auf die Schicksalsbahnen des Menschen. Nur scheinbar verhüllend enthüllt sie Menschen die Aussicht auf Gott und auf sie selbst, deutet ihnen ihr Stehen zwischen Erde und Mächten. Geduldiges Hören oder Lesen zuerst fremdartiger Worte und Bilder ist wie Klopfen an verborgener Pforte, die sich Geduldigen allmählich öffnet.

Man erkennt, ja erfühlt, dass *Mythen*, mythische Bilder und Sprache mehr *dem Erleben* als dem Verstand *zugeordnet* sind.

Für diese Einsicht setzte sich *C.S. Lewis*[33] mit Nachdruck ein, als ein Freund Christen schalt, sie klebten an Mythen, an die sie unter dem Himmel des modernen Weltbilds gar nicht mehr glauben könnten und dürften. *Lewis* macht geltend, Mythen, mythische Bilder seien unentbehrlich, weil Menschen durch *nach*denkende Vergewisserung *allein* in der Welt hoffnungslos verloren wären. Naturwissenschaft ist ja konsequente methodische Abstraktion vom *Inhalt* der Dinge zugunsten von Form und Struktur, mündet in abstrakte Symbole. Will man sich und anderen erläutern, was gewisse Kombinationen von Zahlen, Symbolen und Variablen sachlich bedeuten, greifen Spezialisten (z.B. *Benz, Bresch, Dürr, Eddington, Heisenberg, Heitler, Jordan, von Weizsäcker u.a.*) zu *Bildern* und *Gleichnissen* der normalen (mesokosmischen) Erfahrungswelt.

Zu Beginn der Neuzeit zeigte *Descartes* exemplarisch, wie viel ein Mensch "klar und deutlich einsehe", nämlich "sehr wenig": sein Ich, das denkt, und ihm gegenüber ein "ausgedehntes Ding".[34]

Seitdem hat man diese Einsicht zwar auf beiden Seiten (Forscher/Subjekt - Objekt) analytisch verfeinert und differenziert, doch ihr Grundbestand blieb erhalten.

Bei dieser Beschränkung setzt *Lewis* an. Auch er betont, dass wir das, was unser Leben prägt, unsere *Erfahrungen* nennen, nicht unsere Gedanken. Unsere Erfahrungen: Erlebnisse von Freude, Schmerz; Tröstung, Enttäuschung, Begegnungen, Verstehen und Verstanden-werden und anderes mehr. Sobald wir über Erlebnisse *nach*denken, gehen wir gleichsam aus ihnen heraus, suchen einen Stand *über* ihnen: wir *über*denken sie, denken über sie *nach*, holen sie aber nie ein. Sie sind uns voraus, entziehen sich vollem Begreifen. *Erleben* und *Begreifen* sind nahezu *zwei Welten*. Ein *Mythos* ist wie eine Brücke, lässt Grunderfahrungen *erlebend* nachvoll-

33 Gott auf der Anklagebank, 47-55 - In Richtung *C.G.Jung: Drewermann*
34 *Descartes*, 2. Meditation über die Grundlage der Philosophie

ziehen, wir *begreifen erlebend ...*, bis uns einfällt, das Erlebte rational zu zergliedern. Dann kommt es zu Zweifeln (wie bei *Descartes*).

Entsprechend die mythisch gefärbte Sprache der Bibel. Sie redet vom Sich-Ereignen Gottes in menschlicher Geschichte, das den Erst-Zeugen als *Heils*-Ereignis aufgegangen war.

Mit dem Begriff *Heil* betreten wir die *Bedeutung*ebene.

Die *Bedeutung*, die ein Ereignis, eine Person für uns hat oder gewinnt, ist ihrer Außenseite und deren ´Atomen` nicht anzusehen. Sie lässt sich auch durch Analyse der Bestandteile oder Eigenschaften nicht herausbringen. Das *Bedeutsame* ist nur durch *Deutung* erschließbar.

*Walter F. Otto* betont die besondere Seins-Erfahrung, die sich in Symbolen und Mythen darstellt: dass für Griechen und Römer sich Götter und Dämonen nicht nur in Natur, in Schicksalen, sondern auch in geschenkten und überwältigenden Gedanken, Entschlüssen, Handlungen offenbarten.

Das ist den Menschen der Neuzeit vermeintlich abhanden gekommen. Zur Rechtfertigung zitiert man  etwa den frühgriechischen Denker *Xenophanes* (5. Jh. v. Chr.): alles hätten *Homer* und *Hesiod* Göttern angedichtet, was bei Menschen als Schimpf und Schande gilt.[35] Der Satz wird als Religionskritik kolportiert, obwohl *Xenophanes*, wie später *Platon*, die *Reinigung* des Gottes-*Bildes* anstrebte. Er war kein Vorreiter der neuzeitlichen Einstellung, die Sinnen und Trachten von Menschen vollständig *immanent* auffasst, als exklusiven Gegenstand der verschiedenen Spielarten von Verhaltenswissenschaft und Psychoanalyse, sie also auf Natur reduziert. Für die Alten war die seinshafte Verbindung zwischen Göttern und Menschen intakt. Darum seien Regungen, die Menschen spontan überkommen, die ihr Leben ändern - *unwillkürliche* Stimmungen, Neigungen, Entschlüsse, Jubel, Zeugung, Liebesglück, Liebeszauber, zarte Scheu, Ehrfurcht, aber auch Zwietracht, zerstörender Hass, Schuld und Scham, tiefste Trauer - *nicht nur* aus den Menschen kommende Regungen, Befindlichkeiten, sondern *auch Echo* auf Einflüsse und Wirkungen anderen Ursprungs.[36]

Bis heute erleben Menschen einzigartige Augenblicke namenloser Seligkeit und sprachloser Trauer, Zustände seligen Eins-Seins mit der Welt, mit anderen Menschen, umgekehrt Regungen tiefer Scham, Erstarrung, Entfremdung und Fremdheit, ja des Nicht-mehr-leben-Könnens oder Wollens. Sie

---

35 *Diels-Kranz*  fr.11
36 Eine junge Frau erklärte im Interview (2018): wenn (wie ihr geschah) zwei Menschen, statt aneinander vorüber zu gehen, sich im selben Augenblick als unzweifelhaft für einander bestimmt erkennen, sei dies "Gott"! Vgl. *Otto*, Theophania, 45ff; *Kerényi*, Antike Religion, 211 ff. Wir ignorieren nicht, dass spontane Ableitung überwältigender Erfahrungen von Gott, Dämonen usw. gravierende Irrtümer setzen kann; auch hier gilt etwa die *Paulus*-Mahnung "Prüft alles, das Gute behaltet!" (1Thess 5,21).

reden von einer Wendung der Dinge als "Geschenk", erfahren sich "beschenkt" (wo Leistungs- oder Lohngedanke nicht hinreicht). Entsprechend der Ausdruck "Gnade". Manche erfahren "den *Himmel* - oder die *Hölle* - auf Erden", möchten sterben vor Glück oder Verzweiflung. Nicht nur Genies reden von "Eingebung" (Inspiration) von "Gott" (umgekehrt: vom "Teufel"). Umgangssprache nennt manche Menschen "Engel", andere "Teufel". Es gibt Unternehmungen, Zielsetzungen, die Betroffene und Zeugen als "dämonisch" empfinden, wie umgekehrt Erfolge und glückhafte Ereignisse ihren Empfängern den Ausruf "göttlich", "himmlisch" entlocken. Nicht zuletzt kennen Menschen auch heute etwas, das ihnen "heilig" ist. Nicht wenige halten für "heilig" das "unschuldige" Leben eines Kindes, ja menschliches Leben überhaupt, *Treue* in Ehe und Freundschaft, *Wahrhaftigkeit* ("wer einmal lügt ...") und *Recht*.

Unsere Sprache ist gefüllt von Eindrücken *aus* und Wahrnehmungen *in* einer anderen Dimension, ähnlich Sprache und Bewusstsein der Menschen der Antike, deren Erfahrung bezeugte: "Überall sind Götter!" Das besagt, dass auch wir Heutigen, eher unreflektiert, offen sind für Transzendenz, dass wir uns ihren Eingebungen gar nicht oder nur mit Anstrengung verschließen können. Dichtung, Dramen, Bildkunst von Antike und Mittelalter sind vielfach erfüllt von Erfahrungen der Transzendenz, wie auch erzählende Schriften der Bibel: sie bewahren weniger Geschichte als ihr verbundene *Gottes*erfahrungen.

Der neuzeitliche Mensch wiegt sich - als "kleiner Gott der Welt" - in der quasi mythischen Vorstellung, die Welt sei im Wesentlichen entschlüsselt, er selber habe sie durchsichtig und geheimnislos gemacht. Wenn sich in ihr etwas Unvorhergesehenes ereigne, gehöre es in die Gattung Reibungsverluste und Defekte. Doch nicht nur die Nacht, die ganze Welt ist "tiefer, als der Tag gedacht". Menschen der Neuzeit haben nach und nach verlernt, Spuren der Transzendenz in der Welt zu lesen, müssen sie mühsam wieder entdecken. Ihnen helfen Hinweise von Autoren wie *Karl Jaspers* ("Grenzsituationen", das "Umgreifende"), *Viktor E. Frankl* (Lebenssituationen als "Ruf, als Gabe und Aufgabe"), *Peter L. Berger* ("Auf den Spuren der Engel"), *Paul Tillich* und *Karl Rahner* ("Transzendenz-Erfahrungen"), indes sich der Zeitgeist beschränken will auf immanente Erklärungen. Immanente Ursachen-Forschung ist zwar unerlässlich. Das Problem beginnt da, wo man hier prinzipiell Halt macht.

*Carl Friedrich von Weizsäcker* vertritt begründet die Auffassung: Mythen bieten eine urtümliche Schau der Mächte der Natur gleicher Weise wie eine Schau der Mächte der Tiefen-Seele wie eine Schau des Ursprungs von Staaten. In dreifach verschränkter Weise reden sie auch von Gott und Göttern.[37]

Zwar sind die von *Otto* beispielhaft angeführten Erfahrungen der Alten Griechen mit dem Göttlichen in Leben und Welt gewiss korreliert mit Anteilen in der somatisch-psychischen Konstitution der Menschen, sind aber, soweit sie sich transsubjektiv, häufig und allgemein einstellen, dabei willkürlich kaum beeinflussbar, Zeugnisse und Widerspiegelungen transzendenter Macht*wirkungen*. Trifft dies zu - antike Kulturen und ihre Menschen sind davon erfüllt -, ist die Welt viel ´gott-haltiger`, ist Göttliches uns näher, grenzen wir quasi an den "göttlichen Bereich" viel selbstverständlicher, als uns bewusst und manchen lieb ist. Denn Gott ist - in der Vision von *Teilhard de Chardin* - unendlich nahe und allgegenwärtig, weil er das Zentrum ist mit der absoluten Macht, alle Dinge in sich zu vereinen und zu vollenden.[38]

Menschen können von Gott nur annähernd, mit ontischen Vokabeln und Begriffen sprechen, denn Gott ist offenkundig kein Faktum. So gibt er sich in der Welt kund nicht als Ding oder Tatsache, wohl aber als eine Bewusstsein und Erleben immer wieder erfüllende, ungreifbare *Präsenz,*[39] die bewirkt, dass den Menschen bereits vor jeder religiösen Sozialisation ein Bewusstsein, eine Art Grund-´Begriff` von Gott eigen ist, eine Art Apriori, das im Hintergrund der Begegnung mit der Welt der Mitmenschen und harten Fakten immer wieder aufleuchtet.

Daher haben - modifiziert - auch die Götter der Antike bleibende Bedeutung - nicht in Namen und Details, nicht auf dinglich-menschenähnlicher Ebene, sondern in den mit Namen verknüpften religiösen Ur-Erfahrungen, worin allerdings auch die Ahnung des Dämonischen in der Welt enthalten sein mag.

Das trifft *mutatis mutandis* auch zu für die Gottesbotschaft der Bibel.

Die *Bedeutung* etwa der Geburt Jesu, wie Evangelien (Mt 2; Lk 2) sie darstellen, lässt sich aus den damaligen historisch-politischen und geographischen Umständen nicht erheben. Auch die kunstvollen Krippen-Aufbauten, festlich dekoriert, wie man sie zur Weihnachtszeit zeigt, lassen die *Bedeutung* jener Geburt - dass Himmel *und* Erde sich darüber freuten - nur

---

37 Die Tragweite der Wissenschaft, a.a.O. wo *von Weizsäcker* ins Detail geht.
38 Le Milieu Divin , 136f
39 So *J. Fischer,* Das Ewige ins Zeitliche ziehen, in: Zeitzeichen 12/2018, 40-42

ein wenig *ahnen*. Gläubige Betrachter schauen die Bedeutung: die nicht sicht- und darstellbare *Innenseite* jenes äußeren, einmaligen Geschehens. Die *Innen*seite enthält, "was kein Auge gesehen, kein Ohr gehört hat, noch keinem Menschen in den Sinn gekommen ist, was Gott denen bereitet hat, die ihn lieben" (1Kor 2,9).

Festlich-liebevolle Schmückung der Krippe ist Antwort von Christen, die das Geheimnis dieser Geburt *im Herzen* verstehen, erlebend schauen. Sollten sie es erklären, würden sie anfangen zu stammeln.[40]

*Paulus* grenzt das offenbare *innere* Geheimnis ab vom Normalen, d.h. von allem, was Menschen mit Hilfe ihrer Sinne und Gedanken gewöhnlich wahrnehmen. Es handle sich um "die Weisheit Gottes, die im Mysterium verborgen ist" und jetzt verkündet wird (1Kor 2,7).

Den Schülern (Jüngern), die seinen Weg mitgehen, weil sie von ihm lernen wollen, erklärt *Jesus*, ihnen sei das Mysterium des Königtums Gottes zu erkennen gegeben, den Außenstehenden aber geschehe alles in Parabeln, damit sie schauen und doch nichts schauen, hören und hörend doch nichts davon aufnehmen, also die Verschlossenheit ihres Herzens behalten (Mk 4,11f Par).

*Paulus* redet vom *jetzt* enthüllten Mysterium, "das durch ewige Zeiten verschwiegen war" (Röm 16,25f; Eph 3,9). Dieses Kennzeichen grenzt das *Mysterium* ab von jedem *Mythos*, dessen Botschaft *seit Urzeit* ergeht .

*Jetzt* aber geht es um ein völlig Neues: um das durch Gott selbst enthüllte Mysterium! Dieses *jetzt von Gott* selbst enthüllte Mysterium, d.h. das Mysterium *seines* Eingreifens kristallisiert sich in Jesus Christus, ist angedeutet durch Propheten Israels, vermittelt aber durch *Verkündigung* der Frohen Botschaft von Christus.

Das enthüllte Mysterium - Gottes in Christus Person gewordener Wille der Erlösung zum Leben - ist jedoch nur in Form von *Symbolen* so mitteilbar, dass es das *Herz* der Empfänger erreicht.

Moderne Menschen sind wegen der Beschleunigung des Lebenstaktes vermutlich stärker als die Vorfahren gewöhnt, in Zeitungen, Illustrierten, Television usw. "Tatsachen-Berichte" und "gecheckte" Nachrichten zu empfangen und, wenn sie etwas bewiesen haben wollen, Augenzeugen, Spurenleser oder (was auf dasselbe hinauskommt) Messinstrumente und bildgebende Apparaturen bei zu ziehen.

---

40 Die Beziehung der Menschen zu Gott ist für die Bibel in deren "Herz" verwurzelt. Über *Paulus*, *Augustinus* u.a. führt spirituelle Forschung zu der Einsicht, auf der "Spitze der Seele" finde sich ein *Tastsinn*, mit dem die Gläubigen die geistlichen Dinge "mehr empfinden als erkennen": *Bremond*, Das wesentliche Gebet,164

Was man durch diese Beweismittel *erfährt*, sind Daten der näheren oder ferneren Erfahrungswelt.

Wer wegen fehlender "Beweise" die "Good News" der Bibel mit sprichwörtlichen "Fake news" gleichsetzt, verkennt die Mehrdimensionalität von Welt und Leben.

Gottes Offenbarung, Offenbarung seines Geheimnisses, ist nicht 1 : 1 in Menschenwort übertragbar, da sie nicht aus menschlichem Erfahrungsraum stammt.

Daher die Gewohnheit Jesu, den Menschen der Straße das Geheimnis des Gotteswillens in *Gleichnissen* nahezubringen. Hier bringt er jeweils auf den *Vergleichspunkt*, wo Gottes Denken *und* Erfahrung oder Verständnis der Menschen übereinkommen (vgl. Gleichnis vom Sämann, vom Gastgeber, vom Weinberg-Besitzer usw.). Die Analogie ist, wie gesagt, nur *punktuell*.

Tendenzen, eine Wort-für-Wort-Ähnlichkeit zu suchen, wehrt die Kirche im IV. Lateran-Konzil (1215) ab mit dem Grundsatz, "zwischen Schöpfer und Geschöpf" könne "keine Ähnlichkeit behauptet werden, ohne zwischen ihnen zugleich eine größere Unähnlichkeit zu vermerken".

*Aus diesem Grund* sind *Symbole wichtig*. Daher der Gebrauch von Symbol-Sprache, die zwischen Gottes Offenbarung und menschlichem Horizont *vermittelt*.

In Symbolen und Metaphern von Gott wird ein bestimmter *Sinn* mit einem geläufigen *Bild* aus der Erfahrung so verbunden, dass Hörer oder Leser merken sollen: am Ausgangspunkt des Verstehens ist es *so wie*, aber auf *Gottes* Seite ist der Inhalt tiefer, weiter, als menschliche Erfahrung weiß. In Wort und Bild bewegen sich Jesu Gleichnisse im Fundamental-Bereich von Leben und Erfahrung der Menschen.

Das Verstehen der Jünger, auch das anderer Zuhörer, ja der Gegner zeigt: die menschliche Sprache enthält Grundworte, ja Ur-Worte, die sich in eine unauslotbare Tiefe öffnen. "Worte der unendlichen Grenzüberschreitung": "Sohn", "König", "Reicher", "Armer", "Auferstehung", "Herz", "Blume", "Same" usw. In solchen und anderen Ur-Worten, wie auch in Ur-Symbolen - etwa "Berg", "Sonne", "Stern", "Wolke", "Meer", "Schiff", "Kreuz" u.a., "wurde Gott schau-bar ... insoweit, als er sich der Welt mitzuteilen willens ist, ihr Anteil an sich gewährt". Das weiß auch *Paulus*, der die Erkennbarkeit des Schöpfers aus dessen Werken voraussetzt (Röm 1,20; vgl. Ps 19,2).

Weithin teilt die Bibel "ihre Botschaft ... nicht in der Sprache der Begriffe, sondern in Bildern mit, indem sie die ganze Schöpfung für ihre Absicht zur Hieroglyphe, das heißt, zur heiligen Bilderschrift, erhebt".[41]

Denn "Ding und Auge, Gestalt und ihre Erfassung bilden zusammen einen der Ur-Bezüge, in denen das Dasein steht". Ursprünglich geht der Mensch nicht analysierend auf Dinge, Gestalten, Menschen zu, sondern fasst "geschehenden Ausdruck auf".[42] Darum unterschied die klassische Erkenntnislehre vom diskursiv-analytischen Verstand den *Intellekt*, der das Ganze und Wesentliche "intuitiv" erschaut.

Grund- und Ur-Worte ragen ins unergründliche Geheimnis. Sie empfangen, mit *Rilke* gesprochen, "eine Innigkeit des Seins, wenn sie erkannt werden". Wort, Bild und Symbol ist gleichsam der durchgeistigte Leib der Dinge. Ein Ur-Wort, Ur-Bild oder Ur-Symbol kann zu Leib und Real-Symbol Gottes werden, der sich in ihm als einem "Anderen" *seiner selbst* aussagt und offenbart.

Dazu gehören grundsätzlich auch mythische Gestalten und Elemente. Für Christen ist diese Einsicht begründet durch die Fleischwerdung des "Wortes".[43]

---

41 *Rosenberg,* Einführung in das Symbolverständnis, 11ff

42 *Guardini,* Die Sinne und die religiöse Erkenntnis, 10-25

43 *K. Rahner,* Priester u. Dichter: Schriften zur Theologie III, 349-364; Theologie des Symbols: Schriften IV, 275-311; die Mythen vom göttlichen Kind spiegeln und deuten die Dialektik der Welt: *H. Rahner,* Der spielende Mensch, 19f

## 7. Mythische und biblische Denkart

Vor Jahrzehnten schien unter Forschern ein Konsens erreicht, der lautete: "Das mythische Weltverständnis ist uns fremd geworden; der Mythos ist nicht mehr das wahre, wirkungsmächtige Wort".[44]

Die hier zum Ausdruck gebrachte Sicherheit war überspitzt (das zeigen die Forschungen von *Mircea Eliade*). Denn es bahnte sich die Einsicht an, dass Alt-Israel wie auch frühe Christenheit die von ihnen erkannte Gotteserfahrung ohne die damals mythisch geprägte "Gesamt-Perspektive oder Totalsicht der naturhaften und anthropologischen Wirklichkeit" gar nicht hätten "verstehen, artikulieren, interpretieren und feiern" und so ihr zyklisches Weltbild durchbrechen können.[45]

Je nach Perspektive könnte man auch sagen: schon das Alte Testament hat das mythisch-zyklische Weltbild um eine wesentliche Dimension erweitert und zugleich korrigiert.

Das Israel von den "Völkern" Unterscheidende lässt sich scharf herausstellen: Anders als die Nachbarn sieht Israel *seine* Entstehung *nicht an den Anfang der Welt gebunden*. Bei den Nachbarn (z.B. Assur, Babylon, Ägypten, Athen, Rom) fallen Entstehung der Welt und Entstehung des Staates in eins, sind die Götter Staats- und Volks-Götter. Israel hingegen versteht den Gott seines Glaubens als Schöpfer *aller* Völker und Schöpfer *des Menschen* ("adam") *schlechthin* (Gen 1-11). Die Völker sind schon unterwegs in die je eigene Geschichte, als JHWH Israels Ahnherrn *Abram* beruft und ihm Verheißung von Volk und Land zuspricht. Die bei anderen Völkern gewohnheitsmäßige mythische Rückführung der eigenen Nation auf einen eigenen Schöpfungsakt ist hier durch das Ereignis von *Anruf und Verheißung* ersetzt. Israels Existenz gründet nicht im Anfang der Schöpfung, sondern in der geschichtlichen und Geschichte machenden Berufung des (und der) Patriarchen. Damit gelangt Israel auf einen die Zukunft öffnenden Weg, deren Garant JHWH und sein verheißendes Wort bildet.[46]

Die göttlichen Zäsuren der Geschichte sind für den biblischen Glauben entscheidend.

Nachfolgende Überlegungen sollen Funktion und Rolle des Mythos in der Bibel weiter klären. Es ist nicht müßig, vor dem Horizont weit verbreiteter,

---

44 *Schmidt*, zit. bei *Loretz*, Schöpfung und Mythos, 19 Anm.16
45 *Ritschl*, Zur Logik der Theologie, 37. Man denke auch an die Neuansätze zu Mythos, Symbol bei *P. Tillich, K. Rahner, G. Scholem* u. *M. Buber* u.a.
46 *Zimmerli*, Grundriss der alttestamentlichen Theologie, 22f

simplifizierender Urteile noch schärfer hervorzuheben, worauf sich mythisches Denken bezieht.

Von theologischer Seite wird noch immer gern behauptet, die Absage der Bibel an die Götter, also an Gott ´im Plural` bedeute "Absage an die Vergöttlichung der politischen Mächte wie an die Vergöttlichung des kosmischen ´Stirb und Werde`". Polytheismus heiße "Anbetung des Brotes, Anbetung des Eros und die Vergötzung der Macht". Er verabsolutiere, "was nicht selbst das Absolute ist".[47]

Diese beliebte, mit vereinfachenden Distinktionen arbeitende Kritik an Polytheismus und Mythologie muss als undifferenziert und überholt gelten. Das zeigen die Forschungen von *Eliade, Lohfink, Otto, Kerényi, Mann* und *Mensching*.

Der Götter- und Dämonen-Glaube antiker Menschen, auch außerhalb der Bibel, bezieht sich tatsächlich auf hintergründig-*geistige* Mächte, einem entsprechenden *Eidos* (Sonne, Mond, Stern etc.) zugeordnet oder mit ihm identifiziert. Identifizieren heißt *zwei* miteinander ver*ein*en, wie es das *Sym*bol tut.

Wer heute feststellt "die Sonne ist eine glühende Gaskugel", bezieht sich auf die *Physis* der Sonne. Für die Antike stand im Focus die *Bedeutung* der Sonne für menschliches Leben und Zusammenleben: die Sonne waltete über ihnen als grandioser Ausdruck und verehrungswürdiger Schirm aus Güte, Lebensfreundlichkeit, Gerechtigkeit. Gewissen und Erfahrung sagten den Menschen, dass alles - Gutes wie Böses - ans *Licht* kommt, belohnt oder bestraft wird, Gerechtigkeit sich durchsetzt. Eine Gewissheit, die sie empfingen unter Licht und Wärme der Sonne, im Anblick ihres Gangs, an ihrem sieghaften Aufstieg: nach und nach enthüllt die Sonne alles Dunkle, "bringt es an den Tag" (sprichwörtlich!) und besiegt es.

Moderne Menschen hätten zu unterscheiden zwischen Sonne, Mond usw. als Himmelskörpern und denselben als *Bedeutungsträgern*. Der antike Mensch hat diese Unterscheidung wohl so nicht vollzogen. Hätte er sie erlernt, wäre ihm die *Bedeutung* wirklicher, lebenswichtiger erschienen. Der moderne Mensch hätte umgekehrt die *Bedeutung* von Sonne und Mond über ihre Physis hinaus zu realisieren,[48] sich von deren *Wirklichkeit* zu überzeugen. Die Entdeckung einer Quelle wird seit jeher als *Geschenk* empfunden. Nicht nur religiöse, auch poetische, ja elementar humane Welt-

---

47 *Ratzinger,* Einführung in das Christentum, 69

48 Als dekadente Form der archaisch-antiken, deutenden Betrachtung des Himmels hat sich die Astrologie erhalten, deren ´Unsterblichkeit` auf das Defizit moderner Weltanschauung weist.

schau ruhen auf den Erfahrungen der *Bedeutung* die Welt tragender Akteure.[49]

So versteht man, dass man die Sonne unter Namen wie *Schamasch oder Aton* verehrte als gute Macht, die Mensch und Tier *behüte,* das Land *gerecht richte,* Übeltäter strafe.

Man denke umgekehrt an die Auflösung, Zerstörung wirkende Chaos-Macht (stilisiert: Meer, Flut: *Jam*) und Tod (*Môt*), Kräfte, als *fundamentale* Letzt-Mächte empfunden, deren Einfluss stets, überall spürbar ist, denen aber die starke Gegenmacht des *Lebens* (unter Namen wie *Baal / Hadad*) Wunder vollbringend (z.B. den auch für heutige Augen wundersamen Frühling) entgegentritt und sich behauptet.

Das mythische Weltbild unterscheidet Welt beherrschende, Gefahr, ja Unheil bringende Mächte und steuernd-ordnende, (auf-) richtende Gott-Mächte. Der mythisch empfindende Mensch verabsolutiert nicht Naturkräfte (das ist ein alles verwechselndes modernes Vorurteil), er *reagiert* auf *Über*mächte, sieht sie *nicht unter,* sondern *über* seinem Niveau, erahnt sich im Gegenüber zu *personal empfundenen* Macht*habern,* die ihm mit teils wohlwollenden teils übelwollenden Gesichtern begegnen. So *Baal* (= *Herr* !), der seine Macht wohltätig einsetzt. Wider-Mächte wie Chaos, Tod finden sinnbildliche Darstellungen als tierische Monster wie Drache und Schlange, im Fall von Môt (Tod) *Misch*wesen aus Schlange, Schakal und Geier, gekrönt von einem Menschenkopf (sinnbildlich für den Anteil von Menschen am Todesschicksal).[50]

Der Alte Orient sah ja verderbliche und helfende Mächte nicht nur in der Natur wirken, sondern auch in der *Zeit*: Ereignisse wie Krieg, Unglück, bzw. Heils-Gaben wie Friede, Gerechtigkeit.

Zu alldem tritt die kulturelle Variante: der Alte Orient sprach, schrieb ungern abstrakt, dachte in Bildern, Gleichnissen - anders der europäisch-neuzeitliche Geist, geprägt von griechisch-römischer *Sach*logik.

Die kulturelle Differenz stellte in den letzten Jahrzehnten die biblisch-altorientalische Ikonographie heraus: sie hilft Symbolsprache und Ideogramme

---

49 Exemplarisch *Goethes* Konflikt mit *Newton* über das Licht, die Wiederentdeckung *einmaliger Gestalt* bei Morphologen wie *Portmann, Zoller*, das Verständnis eines Physikers wie *Heitler* für das Lebendige und für *Goethes* Natursicht.

50 Abbildung mit Erklärung bei *Keel*, Altorientalische Bildsymbolik, 67f.- Wenn *Marx-Engels* die Menschen der Früh-Geschichte tadeln, sie hätten sich von der Natur "imponieren lassen wie das Vieh", "Naturreligion" spiegle "bloßes Herden-Bewusstsein" (Feuerbach: 1. Teil Dt. Ideologie), verraten sie typisch moderne, verständnislose Arroganz. Hinzu kommt, dass ihre Theorie die Menschen gar nicht wirklich aus dem "Herden-Bewusstsein" entlassen will.

jener (geistig verwandten) Kulturen verstehen, die sich alternativ, *über das Geschriebene hinaus,* eher ganzheitlich mitteilten.[51]

Wichtig wurde dafür die *Symbol*-Sprache. Sie beruht auf Erkenntnisleistung, die Symbole benötigt, um das Gesehene, Erkannte überhaupt artikulieren zu können. Artikulation geschieht durch Worte, Gesten, Handlungen und eben Bilder.[52]

Echte Symbole wie auch Ideogramme (Denkbilder, Idee-Zeichen) bezeichnen die Analogie so, dass die größere Unähnlichkeit zwischen ´Bildempfänger` (Gott, Mächte) und ´Bildgeber` (Mensch, Tier, Waffe, Werkzeug, Wetter-Phänomen) ihre Ähnlichkeit nicht aufhebt, mag sie auch gering oder begrenzt sein. Ohne Hilfe von ´nicht exakten` Analogien versteht auch die Wissenschaft die Natur nicht.

Wenn im Johannes-Evangelium Jesus sich selbst "Weinstock" nennt, die Jünger (Christen) aber Reben (Joh 15,5ff), ist evident, dass er nicht identifiziert, sondern analog spricht. Analogon ist die Lebens- und Zeugungskraft im Stock, die sich in den Früchten kundtut. Ähnlich die Kraft, die Jesus vom Vater an die Jünger vermittelt, damit sie Frucht bringen in Form liebender Hingabe an seine und ihre Freunde (Joh 15,9-17). Darum ist das Gleichnis von *Jesus der Weinstock,* weil es nur auf den Analogie-Punkt zielt, kompatibel z.B. mit Jesu Selbstvergleich mit dem "guten Hirten" (Joh 10,11.14). Auch hier geht es um den Bezugspunkt: Jesu fürsorgliche Treue zu den Seinen, die auch den "Wolf" nicht fürchtet. Symbole im NT meinen Aspekte der Gegenwart Jesu bei und mit den Menschen, die ihn suchen.

Symbol-Sprache veraltet nicht, sie ist überzeitlich.

*Mythen* ruhen auf Ur-Erfahrungen, in symbol-sprachlicher Form erfasst, mitgeteilt, überliefert.

Mythische, mythologische Sprache ist ein Gewand, das die biblische Botschaft umkleidet. So wie Buchstaben nicht schon Worte sind, Worte noch nicht Aussagen, sind Bilder allein nicht schon die Botschaft.

Mythen sprechen in Wort und Bild von *menschlichen Elementar-Erfahrungen* mit Gott und Welt.

Erfahrungen vom Dunklen, Unheimlichen, Bösen, von Vergänglichkeit, Tod, die sie ebenfalls enthalten, bündelt der Ausdruck "Finsternis". Anstoß ist oft überfallartiger Eintritt von Katastrophen: Seuchen, Dürren, Hungersnöte, Massensterben durch Krieg, Erdbeben, Vulkanausbruch, Wirbel-

---

51 Erläuterung bei *Keel*, Bildsymbolik a.a.O.,7-9. Moderne *Medien* verfahren ähnlich, wo sie Berichten, Kommentaren u.ä. unterstützende Fotos, Modelle, Karikaturen o.ä. beigeben.
52 Vgl. *Ritschl*, Logik, 21f

sturm, Tsunami, die eine zuvor ruhige, vermeintlich sichere, friedliche Welt fassungslos machen.

Der Tsunami von 2004 mit Massentod aus heiterem Himmel schockierte die technisch hochgerüstete Welt. Selbst Tausende von Kilometern entfernt fanden Menschen zusammen, als wären sie selber knapp entronnen, vergebens bemüht, das Unheimliche geistig-weltanschaulich zu bewältigen. Die damaligen Beschwichtigungsbemühungen (Presse, Fernsehen, Ad hoc-Veranstaltungen) zielten zumeist auf die rationale Bewältigung, wurden aber dem *emotionalen* Erlebnis und Schock kaum gerecht. Für Erfahrungen und Erlebnisse dieser Qualität hatte der Alte Orient Bilder, Symbole, Ideogramme mythischer Herkunft, welche die Bibel in geläuterter Form bis heute bereit hält.

Kontrast-Erfahrungen zu schockierenden Einbrüchen sind das Helle, Heitere, das frühlingshafte *Licht*, die Leben weckende, tröstende, behütende Sonne, Sinnbild des Guten, der Güte. "Die Sonne geht auf" auch bei überraschenden Siegen des kleinen Volks oder bei unerwarteten Katastrophen, die, über mächtige Invasoren und Verfolger kommend, das Bundesvolk vor Tod oder Versklavung bewahren.

Die heutige Menschheit treibt zu ihrer vordergründigen Beruhigung Meteorologie, Physik, Chemie, Informatik, baut technisch hochgerüstete Städte als "zweite Natur" zum Schutz vor elementaren Naturgewalten und Mächten, spürt aber, dass sie in der Seelentiefe dennoch uralten Beunruhigungen, Ängsten, Schuldgefühlen, wie auch Träumen, Sehnsüchten, Hoffnungen ausgesetzt ist.

Der antike Mensch, ohne modern hochgerüstete Technik als Schutzwall, war solchen Seelenregungen näher, bekannte sich zu ihnen. Sie konnten sich grauenvoll steigern bei unmittelbarer Begegnung mit Einbrüchen der Natur, der Unterwerfungs-Macht ihrer Rhythmen oder beim Ansturm feindlicher Heere. Er erlebte den unablässigen Kampf zwischen Licht und Dunkel, Leben und Tod,[53] war er ja nicht nur Zuschauer, sondern mitten hinein verstrickt, erlebte in Herbst und Winter das langsame Sterben der Sonne, später den Umschwung, wo sich ihre Lebenskraft erneuert, bis sie, fortschreitend neues Leben weckend, das drohende Dunkel allmählich besiegend erneut zur Höhe des Himmels aufstieg.

---

53 Anschaulich z.B. *Guardini*, Der Heilbringer, Kap. I Die Götter und der Mythos; ergänzend *C.F. von Weizsäcker*, Kosmogonische Mythen, in: Die Tragweite der Wissenschaft, 20-37; *Jaspers*: in Ereignissen, Gestalten und Stimmungen der Natur (auch im Menschen), ja im Überwältigt-werden von elementarer Natur liegen Hinweise auf Transzendenz, "bewegender als alle bloß erforschte Natur": Der philosophische Glaube, 159

In diesem Auf und Ab, Sterben und Auferstehen sah der Mensch sein eigenes Geschick übergroß am Himmel gespiegelt: Wie *er* erlebte, dass Menschen aufblühten und starben, so fürchtete er auch um das Leben der Sonne - ermattete sie doch abends, sank endlich in todesähnlichen Schlaf, bis sie frühmorgens wieder erwachte. Zuvor aber herrschte Finsternis, Mutter des Bösen und des Todes, weckte die bange Frage je neu: Würde die Sonne noch einmal zum Leben erwachen, den Tod bezwingen, ihre lebensfreundliche Herrschaft über Himmel und Erde erneuern?

Wenn in seltenen Momenten die Sonne sich mitten am Tag verdunkelte, Finsternis sie einholte, hielten (und halten bis heute) alle Lebewesen während banger Minuten den Atem an, schien doch der Tod - wie bei Mensch und Tier - die Sonne mitten im Leben zu packen, ihr Lebenslicht auszulöschen.

Wer wenig nachdenkt, hält solche Anschauungen und Gefühle für naiv, kindlich, nur in Momenten akut, wo der Verstand stillsteht. Doch merkt der Verstand, dass nicht allein er die Welt erfährt. Kinder *erleben* - bis über das Vernunft-Alter hinaus - die Welt ähnlich. Wir befinden uns auf der Ebene des *Erlebens*, auf welcher Dichter, Künstler sich mitteilen und Menschen ihre elementaren Eindrücke austauschen. Selbst aufgeklärte Menschen spüren den Nachklang so ursprünglicher Seelenregungen, Ängste, Hoffnungen, Freuden, wenn in der dunklen Zeit des Jahres die Lebensgeister ermatten, Schwermut aufkommt, weil das Leben sich zurückzieht. Die Überlebenden zünden Hoffnungslichter an, bestrebt, das Dunkel taghell zu machen, erwachende Angst zu dämpfen oder nicht aufkommen zu lassen.

Das alles geschieht mit uns, wir empfinden es auch heutzutage, obwohl der Kopf weiß von täglicher Drehung der Erde, deren Achsen-Neigung und einjähriger Wanderung um das Zentralgestirn mit zunehmender und wieder abnehmender Entfernung. Das kann man sich im Kopf klarmachen. Wir *erleben* jedoch *anderes oder mehr* - ursprünglich, wie Menschen seit eh und je.

Wir sagen noch immer arglos: die Sonne *geht auf*, der Mond *geht auf*, die Sonne *geht unter* usw. Der gebildete Kopf weiß heute *auch*, dass der Zyklus von Leben und Tod auch die Sonne im Griff hält (nur in unvorstellbar langer zeitlicher Dehnung), ja dass der Zyklus Leben - Tod sich durch die Galaxis, ja das gesamte Weltall zieht in Entstehung und Auflösung von Elementen, Sternen, Galaxien. Die unvorstellbar lange Geschichte von Aufflackern und Verglühen im Weltall erscheint heute gar mehr als früher wie ein unaufhörlicher Kampf zwischen Licht und Finsternis - und Finsternis wird, nach heutiger Hochrechnung, zuletzt den Sieg davontragen.

Da Bildung und Aufrechterhaltung geordneter Systeme Energie benötigen, Energie aber endlich ist, wird nach thermodynamischer Prognose die Sonne, das ganze Weltall zerfallen (es sei denn, eine unbekannte Energie-Quelle "mache alles neu").

Bei allem Kopf-Wissen von "schwarzen Löchern" im Weltall kennt auch der moderne Mensch jenes "schwarze Loch" in seiner Biographie, in das er früher oder später hineingezogen wird, wovor ihn weder Wissenschaft noch Philosophie bewahrt. Auch das eigene, von den Jahresläufen mit bestimmte Leben unterteilt sich in die Phasen Frühling, Sommer, Herbst, Winter.

Ein Vierzeiler von *Wilhelm Busch* verrät eine Weisheit, die nicht veraltet:

*Halt dein Rösslein nur im Zügel,*
*Kommst ja doch nicht allzu weit.*
*Hinter jedem neuen Hügel*
*Dehnt sich die Unendlichkeit.*

## 8. *Herkunft, Deutung und Bedeutung des Mythos*

Hier meldet sich nun aber die *Hauptfrage*: Ist es denkbar, dass die Frohe Botschaft der Bibel in Teilen Aussagen macht, die sie gänzlich an ein verflossenes Weltbild bindet und die mit dem Veralten des Weltbildes auch selbst veralten und ungültig werden? Oder transportiert ihre mythisch klingende Rede vielleicht eine grundlegende Offenbarung Gottes, die damals, vielleicht überhaupt nur in mythischer Form verlautbart werden konnte?

Die Frage zwingt, eingehender als bisher den Begriff *Mythos* zu klären, wie er auch in biblischen Texten Bild und Aussage bestimmt. Die im *Exkurs* diskutierten vier Denker arbeiten mit einem vorläufigen Begriff von Mythos, was ihre Ergebnisse belastet. Der für die Bibel zuständige Begriff von Mythos ist viel einheitlicher als der vage, vieldeutige Ausdruck "Mythos", der die heutige Sprachlandschaft prägt. Das Universal-Wörterbuch *Duden* nennt *Mythos* eine "überlieferte Dichtung, Sage, Erzählung o.ä. aus der Vorzeit eines Volkes (die sich v.a. mit Göttern, Dämonen, Entstehung der Welt, Erschaffung der Menschen befasst)". In diese Umschreibung sind Ergebnisse der neueren Forschung aufgenommen.

"Mythos", ein altgriechisches Nomen, bedeutet *Wort, Rede, Erzählung*, ursprünglich synonym dem ebenfalls altgriechischen Nomen "Logos". Mythen sind - allgemein und vorläufig gesagt - Erzählungen von Göttern, Mächten, Stammvätern, Heroen, deren Beziehungen, Kämpfen, Siegen und Niederlagen.

Doch haben Mythen eine Besonderheit. Sie verstehen sich als Welt-Erklärung auf *Immer-schon*-Basis, sprechen von Geschehnissen, die sich immer schon ereignen, da sie in vorgeschichtlich "heiliger Zeit" grundgelegt wurden. Sie schauen im Welt-Geschehen übermenschlich-transzendente, quasi-personale Mächte. Götter der Mythen sind, anders als Menschen, ewig, da sie trotz der Schicksale, die einige durchlaufen, rhythmisch *wiederkehren* und in diesem Sinn unsterblich sind. Ihren Kämpfen, Siegen, Wohltaten, der von ihnen bewirkten oder wiederhergestellten Welt*ordnung*, ihrem *Gesetz*, ihren exemplarischen Strafen fügt sich der Mensch ein durch die Feier periodisch wiederkehrender Feste zu Ehren der Götter sowie durch Opfergaben, damit er *wenigstens auf Zeit teilhabe* an der heiligen Ordnung (des *Lebens* - statt des Todes), ihrer Güte, ihren Gaben und Wohltaten.

Kein unangemessenes Verhalten von Menschen darf die göttlichen Mächte stören oder herausfordern. Die Feiernden bekommen teil an der "heiligen Zeit" und am heiligen Ursprung (der heiligen Ordnung) der Welt, vorausgesetzt, sie vollziehen ehrfürchtig-getreu die geheiligten Riten des jeweiligen, wiederkehrenden Festes. Haben sie in der Lebenszeit oder beim rituellen Vollzug gefehlt, können Opfer die Unsterblichen versöhnen. So teilnehmend erlangen Menschen ´Gleichzeitigkeit` mit den Göttern, gelangen aus der Zeit zurück in die "Ewigkeit".[54] Daher geben Mythen zugleich Aufschluss, wo der Mensch Zuflucht findet in den Bedrängnissen des Lebens.

Die Ewigkeit, d.h. das Sein und Verweilen im und beim Ursprung macht heil. Zeit und Geschichte jedoch sind voller Störungen, also *un*heilig, *pro*fan, gefahrbringend.

Ein antiker Denker schon setzte den Mythos mit der *Welt* gleich. Der Mythos galt als *wahr*, weil er "zwischen Wort und Sein nicht unterscheidet".[55] Der spätrömische Schriftsteller *Sallust* schrieb über die in den Mythen erzählten Ereignisse: "sie geschahen zwar niemals, sind aber immer".[56] Der altgriechische Mythen-Dichter *Hesiod* führt in der Einleitung zu seiner "Theogonie" Wahrheit und Verlässlichkeit des Mythos auf göttliche Eingebung (der *Musen*, Töchter des Zeus) zurück. Die originären Mythen entstanden, sagt der Hinweis, aus Erleuchtung, Inspiration. Sie sind nicht einfach Menschenwerk, sondern letztlich göttlichen Ursprungs.

Es geht den alten, originären Mythen um die - durch Eingebung - erkannte *Grundordnung* der Welt, die unter diversen Gestalten, Gesichtern, Handlungen, Schicksalen vor Augen geführt und in Form einer *Genese* (d.h. als Werde-Geschichte) erzählt wird, da diese Form menschlichem Verstand und Erleben, nicht zuletzt der Merkfähigkeit angemessen und anschaulich ist: "In jener Zeit ... und so ist es gekommen, wie es ist!"

Die Bibel erzählt die Herkunft von Welt und menschlichem Schicksal in ähnlicher Form - mit dem entscheidenden Unterschied, dass die Verfasser ihre Überzeugung (und die ihrer Gemeinden) mitteilen, dass der Bundesgott in mannigfacher Form, zuletzt in Jesus von Nazareth sich *geschichtlich* zu erfahren gegeben und verlautbart hat, damit aber die bislang zyklisch verstandene Welt *aufsprengte*. Man behielt aber die mythische Erzählform weitgehend bei, da die biblische Offenbarung die *Grundordnung* der Welt

---

54 Grundlegend: *Eliade*, Die Religionen und das Heilige; *ders.*,Kosmos und Geschichte . E.`s Forschungen öffnen den Blick für die vitale anthropologische Bedeutung der Mythen; *Grand`Maison*, Die Welt und das Heilige
55 *Otto*, zit. bei *Kerényi*, Antike Religion, 267f
56 Zit. nach *Klauck*, Die religiöse Umwelt des Urchristentums I , 82

berührt und deren Garant - der *Schöpfer* der Welt - sich eröffnet und so "alles neu" macht bzw. alles in ganz neuem Licht zeigt.

Der biblischen Schau, dem Zeugnis der Gläubigen der Bibel blies allerdings spätestens mit den Diadochen-Reichen, die auch Israel-Palästina okkupiert hatten, der salzige Gegenwind griechischer Philosophie ins Gesicht, wie eine kurze Skizze andeuten mag.

Verhaltener als *Hesiod* äußert sich rund 300 Jahre später der Athener Philosoph *Platon*. Zwar empfindet er, der auf präzise Begriffe und Logik achtet, die symbolische Redeweise der Mythen als "uneigentliche" Sprache, merkt aber an, das *angemessene* Aussprechen der Botschaft der Mythen sei dem Menschen nicht gegeben. Auch reduziert er (hier waltet kritischer Intellekt) die Zahl der *glaub*haften Mythen auf jene von der *Schöpfung*, vom schuldhaften *Fall* des rebellischen Menschen, von jenseitigem *Totengericht* und Wohnen der *Seligen* bei den Göttern.

Woher also stammt die Weisheit der Mythen? "Vom Hören", sagt *Sokrates* zunächst, nachdem er die Gesprächspartner gefragt hatte, ob sie diese und jene Wahrheiten nicht auch schon "gehört" hätten (*Phaidon* 61d). Anderswo redet Platon direkt von einer "Gabe der Götter an die Menschen ... durch irgendeinen Prometheus ..., und die Alten, besser als wir und den Göttern näher wohnend, haben uns diesen Mythos übergeben" (*Philebos* 16c).[57]

Der spätere *Platon* entwickelte zunehmendes Bewusstsein für das Unvermögen menschlicher Wortbildung und rationaler Sprache für die Artikulierung letzter Wahrheiten; vielmehr seien Bilder, Metaphern, ja Mythen geeigneter, jene mitzuteilen.[58]

Doch als Folge zunehmenden Kontakts mit fremden Völkern und deren Mythen, forciert durch die Neugier vorsokratischer Denker, die Skrupellosigkeit der Sophisten, animiert auch durch die Staunen erregende Macht rationalen Denkens bei großen Philosophen wie *Platon* und *Aristoteles* relativierten die Griechen allmählich ihre lang gehegte Überzeugung, die archaischen Mythen seien wahr. Man begann die Welt samt Mythen mit *Logik* auf Stimmigkeit und Erfahrungswert zu untersuchen, was u.a. dazu führte, dass die ursprünglich bedeutungsgleichen Worte *Mythos* und *Logos* nun auseinander traten. *Logos* wurde jetzt die vom Gedanken geleitete, vom Verstand geprüfte Rede. Fortan suchte man "Wissen", d.h. durch Logik und Erfahrung gesicherte "Wissenschaft" (*epistéme*).

---

57 Ausführlich dazu *Pieper*, Platonische Mythen. Ergänzend: *Schaeffler,* Religionsphilosophie, 32f
58 Darstellbar zumal an den Dialogen "Der Staat" und "Timaios":: *Rudolph*, Platons Weg vom Logos zum Mythos, in: *ders.*, Mythos zwischen Philosophie und Theologie, 95-112

Anstelle von Begründungen durch Ur-*Handlungen* von Göttern suchte der forschende Verstand jetzt nach Ur-*Sachen* (Prinzipien). Daher seien, sagt *Aristoteles* (und widerspricht seinem Lehrer *Platon*), mit Mythen operierende Lehren nicht ernst zu nehmen.[59] Die neue Geistesart ließ die Mythen schlicht zurück, überzeugt, Besseres, Sichereres gefunden zu haben: die *Kritik*: Gesetze aller Art seien nicht göttlicher, sondern menschlicher Herkunft; ob es Götter überhaupt gibt, sei nicht feststellbar (*Protagoras, Prodikos, Kritias*). Die Postmoderne, den Ball der antiken Kritiker auffangend, will schließlich allen Arten von "Schöpfungsmythen" mit Hilfe der evolutiv konzipierten Kosmologie den Garaus machen.

Was bleibt von den antiken Mythen? Was bleibt von mythischen Sprach- und Bild-Mustern der Bibel?

Heute sind die Meinungen geteilt, laufen Deutungen und Prognosen auseinander.

Ist "Mythos" eine vorwissenschaftliche Welterklärung (wie der Evolutionismus will) oder bloße Begründung und Legitimierung herkömmlicher gesellschaftlicher Ordnung (funktionalistisch-soziologische Deutung)? Beide Alternativen erfassen nur einen Aspekt mythischen Denkens und Redens.

Nach dem Philosophen *Ernst Cassirer* (1874-1945) besitzt der menschliche Geist für alle Bereiche der Kultur vorgängige (apriorische) "symbolische Formen", die den jeweiligen Bereich ordnen. Unter ihnen gebe es auch eine spezifisch religiöse, ja mythische Denk- und Sprach-Form, unterschieden von der naturwissenschaftlichen und technischen. *Kants* erkenntniskritischen Ansatz erweiternd anerkennt er Mythologie als eine der kulturellen Erscheinungsformen des geistigen Lebens einer Gesellschaft.

Für *Max Scheler* ist der "Mythos" zeitlicher Vorgänger von Religion und Metaphysik; in ihm behaupte sich der Mensch als *Person* erstmals "weltexzentrisch" vor Natur und Welt (*Mensch im Kosmos* 82f).

Der Religionswissenschaftler *Gustav Mensching* (1901-1978) sieht den Mythos als aktive Antwort des Menschen auf die "Begegnung mit dem Heiligen", eine Auffassung, die er mit *Walter F. Otto* teilt. In der "Begegnung mit dem Heiligen" gehe es um das Bleibende im Fluss, "das Gültige in allem Wandel", um den "festen Grund" der Welt. Hier anknüpfend wird vom modernen Menschen gesagt, er strebe von der Wissenschaft "neu zum Mythos" und damit von der verfallenden Zeit zur "schicksallosen" göttlichen Seligkeit.[60] Das heißt Mythen *intuitiver* Welt- und Hintergrund-Erkenntnis zuweisen.

---

59 *Aristoteles*, Metaphysik III,4. Zur weiteren Entwicklung kurz z.B. *F. Graf,* Griechische Mythologie, 7-14

Darum erscheint es zu wenig, nur analytisch zu urteilen, Götter-Mythen würden "im Grunde auch nur die Struktur der menschlichen Gesellschaft widerspiegeln", sie dienten dazu, "das von den Mächtigen gelenkte Geschehen in der Gesellschaft zu legitimieren", seien so ein rein soziomorphes Phänomen.[61]

Versetzen wir uns in die Situation schlichter Menschen vor der elementaren Aufgabe, ihr Überleben zu sichern. Kämpfen sie auf aridem Land und Boden ums Überleben, erfahren sie das Vorkommen einer Quelle, eines Baches spontan als Geschenk, als Wunder, als Gabe einer höchsten Güte. Rechte Zuteilung und Sicherung dieses Geschenks machen aber eine gesellschaftliche Ordnung nötig, die, wenn sie sicherstellend und gerecht ist, an der Aura göttlicher Herkunft des Wassers partizipiert (Ordnung, die das Geschenk sichert, wird selbst zum Geschenk). Mit der Zeit kommt es freilich zum Absinken der originär religiösen und ethischen Standards, was dann zu Kritik am tradierten "System" führt. Die rein soziologisch-funktionale Deutung von Mythen als Verklärung von Herrschaft plus Legitimierung gesellschaftlicher Machtverhältnisse wird, da sie das *erstbegründende Motiv* verfehlt und *pars pro toto* denkt, dem Ur-Phänomen *Mythos* nicht gerecht.

Eine zusätzliche Erfahrung kommt zustande, wenn jene Entdecker der Quelle oder die Nachfahren auf Grundwasser stoßen und diese Gegebenheit nützen oder wenn sie lernen, ihren Wasserbedarf durch eine Wasserleitung aus einem entfernten Bach zu decken u.a.m. Auch hier reagieren Menschen mit Dank und werden sich gleichzeitig bewusst, dass zwischen Gott als Geber und ihnen selbst ein Bereich von "Zwischen-Ursachen" (*Thomas von Aquin*) liegt, der ihrer Phantasie und Nutzung anvertraut ist.

Auch der Mythos-Begriff des Ägyptologen *Jan Assmann* ist sinngemäß zu differenzieren. Als *Mythos* deklariert er die eine Vergangenheit "fundierende Geschichte", die entweder historisch oder fiktiv ist. Durch Sinngehalt oder offizielle Deutung eines Geschehens bzw. der Vergangenheit soll der Mythos die Gruppe, Gesellschaft, Partei, den Staat fundieren. Eine bestimmte Erfahrung, Tugend oder Idee sei in ihm verinnerlicht so, dass das Sozialgebilde Bestand hat und vor destruktiver Kritik geschützt ist.[62]

So wichtig die *soziologische* Sicht auf den Mythos im Rahmen der "Erinnerungskultur" ist, befasst sie sich doch nicht oder nur am Rande mit

---

60 *Tworuschka*, Art. Mythen, Mythologie, in: *Drehsen, Häring* u.a. (Hg), Wörterbuch des Christentums (1988), 851f, *Mann,* Schöpfungsmythen, 35-46
61 Z.B. *Bock*, Kleine Geschichte Israels, 17f
62 *Assmann*, Das kulturelle Gedächtnis, Kap. I Nr. III

Erfahrungen des *Göttlichen*, die ursprünglich und zentral zum Fundus von Mythen gehören. Derartige Deutung nimmt die *Funktion* eines Mythos für seinen Inhalt.

Anders *Mensching, Otto und Mann*. Es ist der "Charakter der Heiligkeit", den *Otto* betont. Die Dynamik eines solchen Mythos vergegenwärtige sich im *Kult*, der die Teilnehmer "in eine höhere Sphäre erhebt". Der Kult ist "nicht bloß ein Bild des mythischen Geschehens, sondern dieses Geschehen selbst". Religiöse Haltung "- ob als Gebärde, Tat oder Wort - ist das *Offenbar-werden des heiligen Seins der Gottheit*". Kultisch bezeugt sie sich bereits in den religiösen Gebärden und Verhaltensweisen, angefangen mit der aufrechten, also zum Himmel gerichteten Haltung, die nur dem Menschen eigen ist.[63]

*Otto* betont, "die Griechen" hätten "ihre eigene Gotteserfahrung empfangen". Zwar beklagt er religiöse Intoleranz früher Christen, hält ihnen aber zugute, sie hätten bei ihrer Ablehnung "heidnischer" Götter diese viel ernster, realer genommen als ihre fernen Nachfahren heute. "Religiös Unmusikalische" wittern im Götterglauben der alten Griechen einen primitiven Animismus.[64]

Moderne Christen beschleicht Unbehagen, wenn man ihnen zumuten will, den *Götter*glauben der "heidnischen" Antike für etwas Echtes, Reales zu halten. Sie würden das zornige (auf *Drewermann* zielende) Verdikt des Psychologen *Albert Görres* spontan unterschreiben: "Die Zeit der alten Götter ist abgelaufen. Kein *Hölderlin* und kein *Walter Otto*, kein *New Age* wird diese Toten wieder auferwecken".

Anstelle von Verdikten könnte eine Intuition des bekannten Alttestamentlers *Norbert Lohfink* weiterführen: Man könne Monotheismus und Polytheismus als *zwei Sprachen*, statt als zwei Sachen verstehen. Zwei Sprachen meine "zwei verschiedene geistige Annäherungsweisen" zum selben Sachverhalt. Im Polytheismus geht es um die Vielfalt von Erfahrungen des Göttlichen, zumal in Natur und Kosmos (Sterne, Sturm, Meer, Sonne, Mond, Geburt von Mensch und Tier; Berge, Quellen, Bäume, Steine). Vor solchen ´Wundern` konnten einzelne oder Gruppen Transzendenz-Erfahrungen machen: Erfahrungen unendlicher Tiefe und/oder überirdischer Huld, die sich zur Gestalt einer Gottheit verdichten mochten. Da es mehrere, ja viele solcher Erfahrungen gab, entstand ein Plural von Gottheiten. Einzelne und Gruppen, die sich zusammenschließen, tauschen auch ihre Transzendenz-Erfahrungen aus. *Lohfink* folgert: wer nur an einen einzigen Gott glaubt, könne die vielen Götter verstehen als örtlich/zeitlich

---

63 *Otto*, Theophania, 22-27
64 Theophania 9f

unterschiedene Erfahrungen und *Offenbarungen des einen* jenseitigen Gottes, der sich etwa dem "Vater" einer Gruppe in einer für sie einmalig schicksalhaften Weise mitteilte.

So wären Polytheismus und Monotheismus ursprünglich *zwei* verschiedene religiöse *Sprachen* für die Benennung nicht wesensverschiedener Erfahrungen. Als später logisch-analytisches Denken die Oberhand gewann, empfand man es als zunehmend mühsam, zwischen dem "erfahrbaren" Polytheismus und dem "logischen" Monotheismus zu rochieren, wo man die eigene Glaubenserfahrung verteidigte.[65]

Schließlich trat das "Mysterium" des Christentums in seine weltgeschichtliche Rolle.

---

65 *Lohfink*, Gott. Polytheistisches und monotheistisches Sprechen von Gott im Alten Testament, in: Unsere Großen Wörter, 127-144, bes. 138ff; *Lohfinks* Vorschlag ist verwandt mit der spätantiken Idee, die vielen verschiedenen Götter seien "Kräfte" eines einzigen Gottes: dazu *Nilsson*, Griechischer Glaube, 117-125

### 9. *Heilsgeschichte als Korrektur der Mythen*

Die Völker im Alten Orient hatten ein *zyklisches* Weltbild, das bis in die Weisheitsschriften des AT reicht.
So heißt es eingangs des Buches *Kohelet* (Prediger):

*Eine Generation geht, eine andere kommt.*
*Die Erde steht in Ewigkeit ...*
*Was geschehen ist, wird wieder geschehen,*
*was man getan hat, wird man wieder tun:*
*Es gibt nichts Neues unter der Sonne* (Koh 1,4.9)

Hier ergeht die Kunde von der ewigen Wiederkehr des Gleichen.
Heutige Menschen sind geneigt, sie als eine ärmliche, langweilige Botschaft zu empfinden. Doch der unbekannte "Lehrer" will trösten: die kurzlebigen Menschen können die Welt nicht gut einschätzen, fürchten immer, wenn ´etwas passiert`, dass die Welt zu Bruch geht, dass Vergänglichkeit, ja "das Nichts" regiert. Der Autor will die zeitunterworfenen Menschen trösten: anders als es euch zeitweise anmutet, geht die Welt nicht unter, sondern wird in ewigem Kreislauf festgehalten; nichts wird wirklich anders, Neues ist nicht zu befürchten, alles war schon einmal da, kein Grund zu Unruhe und Angst. [66]
Wir ahnen den *Anlass* solch beschwichtigender Rede beim Gedanken an vieles, das die Leute heute beunruhigt: Was wird die Zukunft bringen? Ist der Arbeitsplatz, die Altersversorgung sicher? Kommt ein neuer Weltkrieg? Wird die Erde für die Enkel noch bewohnbar sein?
Die Menschen unter der Ptolemäer-Herrschaft hatten damals vergleichbare Sorgen und Ängste: unberechenbares Unglück, die Ungerechtigkeit der Welt, Herrscher-Willkür, Armut, Hunger, das Rätsel Tod. Auch Reiche kamen mit dem Leben oft nicht klar: ihr Besitz samt der Anstrengung, die er kostete, werde sich wie "Windhauch" auflösen: Element des ewigen Wechselspiels von Werden und Vergehen. Bleibt also nichts?
Hier begegnen wir einer weisheitlichen Frohen Botschaft für die Menschen in Israel, im Alten Orient. Sie lautet: Fürchtet euch nicht! Es kommt "nichts Neues", nichts *Furcht*bares! Die Welt bleibt bestehen! Ihr könnt euer Leben fristen! Die Erntezeit kommt wieder. Das Bekannte, womit ihr euch auskennt, kommt wieder! Ihr überschaut den Lauf der Dinge nicht, doch seid ihr aufgehoben in unaufhörlichem Kreislauf, den der Schöpfer garantiert!

---

66 Zu dieser Deutung s. *Lohfink*, Kohelet, 21

Eine spätere Stelle verweist darauf: ER hat alles wohl geordnet - es gibt *eine Zeit (ᶜet; LXX kairós) zum Gebären, eine Zeit zum Sterben, eine zum Pflanzen, eine zur Ernte, eine Zeit zum Töten, eine zum Heilen, eine Zeit zum Weinen, eine Zeit zum Lachen ...(Koh 3,2-4).*

*Gott (Elohim) habe die Ewigkeit (ha-ᶜolam) in die Welt hineingelegt, ohne dass der Mensch Gottes Tun von Anfang bis Ende verfolgen könnte ... Alles, was Gott tut, geschieht in Ewigkeit (3,11.14). Ewig heißt immer wieder,* unaufhörlich: die Welt ein kreisendes ´perpetuum mobile` ...

Die unüberschaubare, jedoch wohlgeordnete, im Wesentlichen unveränderliche Welt tröstet, ist Frohe Botschaft vom Schöpfer-Gott her.

Trösten will sinngemäß auch der Schluss des priesterlichen Schöpfer-Hymnus: *als Elohim gemacht hatte die Himmel und die Erde und all ihr Heer, am siebten Tag feierte / ruhte Gott von seinem Werk und segnete es* (Gen 2,1f).

Gottes Schaffen/Schöpfung besteht, vergeht nicht, bleibt und besteht als *dauerhafter (ewiger) Segen!*

Gott wird hier bewusst *Elohim* (nicht: JHWH) genannt, weil Gott als Schöpfer gemeint ist. Gibt Gott sich in Israels Heils*geschichte* zu erfahren, nennt man ihn bevorzugt JHWH (gemäß Ex 3,14).

Damit rühren wir indirekt schon an einen Prozess in Israels Glaubensbewusstsein.[67]

Für Israel ist JHWH Gott schlechthin, "Gott der Götter" (´El ´Elim: Dan 11,36). Der Gott Israels erhielt den Namen "Elohim" (ursprünglich Plural: Götter), weil in Israels Glaube die Gewissheit wuchs, dass JHWH auch ´El *(Gott)* schlechthin ist, der alle Götter der anderen bzw. deren Macht in sich vereint. Ugarits "Natur-Mythen" halfen Israel, den Glauben an JHWH zu buchstabieren und gleichzeitig dessen über-weltliche Art - seine Transzendenz - herauszustellen.

Auf JHWH als *Schöpfer* bezieht sich der "Lehrer" (Prediger). Wir verstehen zwar die mit dem Schöpfer-Gott argumentierende Froh-Botschaft *Kohelets*, doch ist sie nicht ohne weiteres die Antwort auf unsere Fragen. Sie ist und war es aber für *Nomaden-* und *Halbnomaden*-Völker, wie für *Ackerbauern.*[68]

Die *alttestamentliche Forschung* geht seit langem der Frage nach, in welcher Weise Israel, das selber halbnomadische als auch ackerbauliche Ursprünge hat, die Feste der Nomaden und Ackerbauern übernahm, sie zu-

---

67 *Loretz,* Ugarit und die Bibel, 66-71;153-156; *Caquot,* An den Wurzeln der Bibel, 37-41
68 Zum Folgenden: *Maertens,* Heidnisch-Jüdische Wurzeln; *Schmidt,* Atl. Glaube in seiner Geschichte; *Deissler,* Grundbotschaft; *Cazelles,* La Bible et son Dieu

gleich aber gemäß seiner Glaubenserfahrung mit JHWH umformte und umdeutete.

Möglicherweise ist die Erzählung vom blutigen Wettstreit zwischen *Abel*, dem Kleinvieh-Hirten, und *Kain*, dem Ackerbauern, indirekter Hinweis auf Konflikte, die bei der gesellschaftlichen Wandlung vom Nomadentum zum Bauerntum auftraten, zumal bei der Grundfrage, in welcher Gestalt - Nomade/Bauer - Israel seinem Gott treuer sei, was m.a.W. Gottes Wille bezüglich Israel sei.

Israel bejaht die Schöpfung mit ihrer gesetzmäßigen Rhythmik, bringt sie aber in Beziehung zu JHWH, Gott seiner Geschichte *und* erwiesenen Herrn der Naturmächte und ihrer Zeiten. Dies zeigt sich in Aufnahme und gleichzeitig Neu-Deutung der periodischen Götterfeste seiner Umwelt.

Die Frage der Übernahme und *Neu-Deutung der Feste* durch Israel ist komplex, nicht völlig geklärt.

Anscheinend verbanden sich ansässige Gruppen, die den höchsten kanaanäischen Gott und Schöpfer "El" verehrten (Gott der jeweiligen "Väter", die Transzendenz-Erfahrungen gemacht und den Exodus aus der Stadtkultur vollzogen hatten), mit einer anderen Gruppe (Eponym *Mose*), die die Exodus-aus-Ägypten-Erfahrung mit Hilfe JHWH-Gottes mitbrachte. Dabei spielte und spielt das herbstliche Erntedank-Fest (bäuerlichen Ursprungs) die zentrale Rolle. Hinzu kam das Mazzen- und Pessach-Fest im Frühjahr.

Damit einher geht ein *Wandel im Weltbild*.[69]

Das altorientalisch-vorisraelitische Weltbild war, wie wir sahen, *zyklisch*: ein ewiger Kreislauf zwischen Kosmos und Chaos, zwischen Werden und Vergehen, Sterben und Auferstehen. In diesem Kreislauf wird der ewige Kampf zwischen *Baal* und *Mot* (Götter-Namen in Kanaan), das heißt, zwischen dem Gott des Lebens, der Fruchtbarkeit einerseits und der Todesmacht, dem Todesgott andrerseits ausgetragen. Die Welt will ins Chaos sinken und wird doch wieder gerettet, bringt wieder Lebendiges und Früchte - "Segen" - hervor. Den Zyklus, das Kreislauf-Geschehen liest man ab an den Perioden von Sonne, Mond, Wandelsternen, Sternbildern, ebenso wie an den Zyklen der Natur, den Jahreszeiten, fruchtbaren und unfruchtbaren Perioden. Mensch und Gesellschaft in diesem Weltbild erschien es heilsam und Leben rettend, sich einzufügen in den kosmischen Rhythmus, ihn feiernd zu bejahen und so an seinen Segnungen teilzuhaben.

---

69 Zum Folgenden: *Eliade*, Kosmos, Kap. III; *von Rad*, Theologie des AT II, 108-133; *Deissler*, Grundbotschaft 30ff

Das ist auch für Alt-Israel zunächst so selbstverständlich, dass der hebräische Ausdruck für das Jahr *šanah* ((שָׁנָה)) auf Deutsch "Wiederholung" (verbal "wiederholen") heißt.

Weil es diesen scheinbar ewigen Kreislauf gibt, unterteilt in bestimmte, wiederkehrende Rhythmen, kennen diese Kulturen zwar ´uhrzeitliche` Zeit (Sonnen-, Mondstand), Zeit im Sinne der natürlichen Rhythmen, aber *keine Zeit der Geschichte*. Der Alte Orient *fürchtete* unvorhergesehen-neue Ereignisse - sie bedeuteten Abweichung, Störung der lebenswichtigen Rhythmen, d.h. Einbruch des *Chaos*.

In diesem Kontext wird *Israel* dennoch *Zeuge von etwas radikal Neuem*.

Israel bezeugt nämlich den Einbruch eines *nicht zu fürchtenden* Neuen, Einbruch von etwas nie dagewesenem *Heilvollem*: den Einbruch Gottes in sein Leben. Daher - im Blick auf andere Völker (*gojjim*), die Neues buchstäblich fürchteten wie die Pest - jene Aufforderung an Israel, die Gottes Erscheinen zumeist begleitet: "Fürchtet euch nicht!"

Gottes Zuwendung zu Israel unterteilt sich in mehrere heilvolle Einbrüche - der Exodus: Befreiung aus dem Sklavenhaus Ägypten; der Bundesschluss mit Mose am Sinai (Ex 19-24; 34); der ´Eisodos`, der Einzug in das versprochene Land; der David-Bund (Ps 89,20ff; 2Sam 7).[70]

Das heißt: nun geschieht nicht nur das ewig Gleiche, sondern *ereignet sich* etwas *Neues*: "Seht, Ich mache etwas Neues, merkt ihr es nicht?" (Jes 43,19, bezogen auf den Exodus aus Babylon).

Auf einmal gibt es die besondere, einmalige Zeit *ᶜēt* (עֵת) - die "erfüllte" oder "gefüllte" Zeit: die von Gott und seinem Handeln für Israel erfüllte Zeit (καιρός) kairós in Septuaginta und NT).

Gottes Einbruch in Israels Dasein begründete ab da eine *besondere Geschichte* und *neue Lebensgrundlage* für Israel, die zu akzeptieren ihm oft schwerfiel, da diese es von den Nachbarvölkern trennten, aber durch eine Folge von Festen bis heute gegenwärtig und wach gehalten werden.

Exodus aus dem Sklavenhaus, Bundesschluss am Sinai, Einzug ins verheißene Land: drei qualitativ neue Ereignisse an verschiedenen Zeit*punkten*. So entsteht eine Zeit*linie*, die Geschichte macht und Geschichte eröffnet: eine *Geschichts*linie einmaliger Ereignisse, Geschehnisse. Zwar bleiben die erwähnten Rhythmen der Natur erhalten. Doch erwartet Israel sein Heil von nun an nicht mehr nur aus den Naturzyklen, vielmehr auch und primär von JHWH, dem Gott, der ihm Geschichte eröffnet.

---

70 Dazu zählt die Forschung den Abraham-Bund (Gen 15.17) u. Josua-Bund (Jos 24). Die lokale (Mamre) Abraham-Tradition wurde später i.S. einer Vor-Geschichte von Israels Glaubensgeschichte gestaltet

*Alttestamentliche Forschung nimmt inzwischen an, dass hinter der Exodus-Erzählung kein historisch einmaliger, fixierbarer Vorgang stehe: zu undeutlich und widersprechend sind geographisch-historische Angaben der Bibel selbst. Zwar muss eine vage Erinnerung an eine Rettung aus Ägypten schematisch wirksam sein. Doch "Sitz im Leben" der Exodus-Erzählung müssen gleichartige Erfahrungen Israel-Judas im 8. bis 6. Jahrhundert mit Unterdrückung und Befreiung aus der Hand damaliger Großmächte wie Assur, Babylon und Persien sein. "Ägypten" wäre daher Stichwort-Geber und Sammelname für etliche, als typisch empfundene Erfahrungen mit Gewalt, Unterdrückung, schließlich JHWH verdankter Befreiung in Israels Geschichte. Die Befreiung aus babylonischer Gefangenschaft scheint besonders erhellende Kraft für das Verständnis von Israels Geschichte zwischen JHWH und den Fremdmächten zu haben. Der dankbare Rückblick auf die durch JHWH erfahrene Rettung half Israel, seine jeweils konkrete Not auszuhalten und in hoffender Treue zu überwinden. So wirkten jeweils aktuelle Nöte und Erfahrungen der Rettung auf Deutung und Gestaltung der Erzählung ein. Die Exodus-Erzählung vereint also beides, "Dichtung und Wahrheit" und lässt sich als "historischer Mythos" auffassen.[71]*
*Es liegt auf der Hand, dass Israels religiös bedingter Ausstieg aus dem zyklischen Weltbild aufgrund der Erfahrung seines Gottes in der Geschichte durch die angedeutete neue Sicht differenziert, aber nicht in Frage gestellt, eher verstärkt wird.*

Den Wechsel vom zyklischen zum geschichtlichen Weltbild nachzuvollziehen kann Europäern die Eigenart hebräischer Sprache helfen.

Hebräer verstehen die Zeit nicht räumlich wie Indogermanen (Zeit-Punkt, Zeit-Linie, Zeit-Raum), sondern als *Lebensbewegung*, unterscheiden vollendete (Perfekt) / unvollendete *Handlungen* (Imperfekt); *daher gibt es kein Präsens.* Der Ton liegt *nicht auf Zeitmodi*, sondern auf der *Aktionsart.*

Die neue Sehweise erleichtert auch die andere Eigenart des Hebräischen, das Verb vor Subjekt und Objekt zu setzen. Man begegnet dieser Eigenart in der Bibel auf Schritt und Tritt.

So heißt es etwa in Gen 1,3: *wajjomer Elohim j$^e$hij or.* Wörtlich: <u>*Sprach* Gott *da sei*</u> *Licht;* wir übersetzen *Und Gott sprach* (wir ziehen das Subjekt vor). Wollen wir die hebräische Formulierung im Deutschen nachahmen, müssen wir Füllwörter vorsetzen: *Da sprach Gott: es ´werde` Licht!* (statt ´werden` steht *da-sein*!)

71 Zum Ganzen vgl. die Themenhefte "Exodus" (Bibel und Kirche 2007/4) und "Wie ist die Bibel wahr? (Bibel und Kirche 2013/3)

V 4 : *wajjar Elohim ha or ki tov* Wir übersetzen "Und Gott sah, dass das Licht gut war". Die hebräische Konstruktion ist anders: *(Da) sah Gott das Licht, dass gut.* Dass Gott *(er)sieht*, also *handelt*, ist entscheidend. Im weiteren Satzverlauf *liegt d*er Ton auf "gut", während unsere deutsche Übersetzung wegen der anderen Wortstellung den Ton auf das Licht legt, was aber den Sinn verbiegt. Gott ersieht das Licht als *zugute* dem Leben, den Lebewesen, den Menschen.

Noch ein schlichtes Beispiel: *ko tomar l$^e$ ʾabdij l$^e$ David* (2Sam 7,2ff). Übliche Übersetzung: *So sollst du* [Nathan] *zu meinem Knecht David sprechen* ...hebr. wörtlich: *So wirst du sprechen zu meinem Knecht, zu David...*

Hauptsache ist die Handlung, also *sprechen*, wie oben *da sein, sehen* ! JHWHs *geschichtliche* Tat, seine Intervention lässt sich durch die Verb-vor-Subjekt-Konstruktion leichter hervorheben, ist aber bei Übertragung in indogermanische Sprachen übersetzungstechnisch schwer nachzuahmen.


Die hebräische Satzkonstruktion ist der Gotteserfahrung Israels angemessen. Denn der Hauptton der Selbstvorstellung Gottes liegt auf dem *Tun* - und zwar auf dem *Wohltun*:

Das Zehngebot - die Bundescharta - wird eingeleitet mit dem vorausgehenden *Tun* Gottes für Israel: *Ich JHWH dein Gott, der dich hat herausgehen lassen vom Land Ägypten, Haus der Knechtschaft* (Ex 20,1; Dtn 5,6). Das heißt: du, Volk Israel, sollst *antworten* mir durch entsprechendes *Tun*, das die geschenkte Freiheit lebt, hütet und sichert!

Daher heißt es an anderer Stelle: "Du (Israel) sollst wahren die Weisungen JHWH`s, deines Gottes *durch Gehen auf seinen Wegen* (*lalächät b$^e$ d$^e$rachaijf*) .., denn JHWH dein Gott hat dich kommen lassen in gutes Land" (Dtn 8,6-7).

Was man gewöhnlich "Gebote" nennt, sind im biblischen Verständnis *von Gott gewiesene Wege. d.h. Weg*weisungen*!*

JHWH machte eine Vorgabe - den Weg aus Ägypten als Weg in gutes Land - und wurde damit zum Weg-Bahner und Wegweiser für Israel. JHWH machte sich selbst zum Weg.

"Ich werde da sein als der Ich bin da" (Ex 3,14) ist für Israel ein offener, von Gott umfasster und geschützter Weg, ein Lebens-Weg. So empfängt Mose den Auftrag, das Volk zu lehren die Weisungen JHWH`s als den "Weg", auf dem sie sich bewegen ("wandeln") sollen (Ex 18,20); nicht sollen sie "wandeln gemäß der Satzungen der ´Heiden` [anderer Völker]" (Lev 20,23).

Daher die strenge Abgrenzung Israels von den Völkern nach innen und außen.

Verständlicherweise gab es in Israel immer wieder Leute, die sagten: Lasst uns doch sein wie andere Völker! Sie ziehen Kraft aus der Natur, indem sie *Baal* verehren, den Herrn der Naturverläufe und Zyklen. Da weiß man verlässlich, was man hat! Die anhaltende Versuchung für alle, die an den biblischen Gott glauben.

Denn die Natur-Welt mit ihren Gesetzen ist eine geschlossene Welt, heute nicht weniger als damals. Ihre Prozesse laufen nach Gesetzen ab: einjährige Wanderung der Erde um die Sonne, Eigendrehung der Erde, Neigung der Erdachse, die Tag und Nacht, Jahreszeiten, Fruchtbarkeit, Wachstum und Reife bedingen. Draußen im All stammen Sterne, Sternhaufen, komplexe Materie aus *Zyklen* entstehender und sterbender Sterne, und so wird es weitergehen, unzählige Male sich wiederholend, wird das Weltall expandieren, bis es - in einer die Menschen nicht kümmernden Unzeit erkaltend - selbst sterben wird.

Ähnlich denken Viele auch heute: da versteht man wenigstens, wie es zugeht und kommen *muss; a*ber ein Gott, wie der Gott der Bibel, ist unberechenbar, man weiß nie, woran man ist ...

Biblisch Glaubende aber stellen sich der von Gott eröffneten *Geschichte*.

Die Geschichte, die Gott eröffnet, ist *er selbst*: die Geschichte des Heils (Heilsgeschichte), das Gott ist. Die Zukunft, die Gott eröffnet, ist er selbst.

Exemplarisch sagt der Hebräerbrief: "Glaube ist Feststehen (*hypóstasis*) in Bezug auf das, was jemand erhofft, ist Prüfen (*élenchos*) dessen, was nicht sichtbar ist" (Hebr 11,1).

So wird *Abraham* zur exemplarischen Gestalt: "Im (gläubigen) Vertrauen ge*horchte* Abraham und zog aus an einen *Ort* (*tópos*), den er zum Erbe bekommen sollte; er zog aus, ohne zu wissen, wohin er geraten würde" (v 8).

Denn zutiefst (ihm unbewusst) "harrte er auf die fest gegründete Stadt, deren Architekt und Baumeister Gott ist" (v 10).

Man versteht, weshalb der zweite Jesaja-Prophet die im Exil lebenden, das zerstörte Zion beklagenden Israeliten auffordert, sich an Abraham aufzurichten: "Schaut auf Abraham, euren Vater (und auf Sara, die unter Wehen euch gebar). Denn ihn, einen Einzelnen, berief Ich, segnete und mehrte ihn. Denn JHWH tröstet Zion und all seine Trümmer" (Jes 51,2f).

*Abraham* gilt als Prototyp gläubigen Vertrauens auf den Gott, der durch Zuspruch und Verheißung Geschichte eröffnet, Geschichte macht, ja darin selbst zum "Ort" wird.

Das wird noch klarer im Bedenken des *Namens* Gottes. Sein Name ist die *Wurzel* der Heilsgeschichte: Auf Moses Frage nach dem Namen des Gottes, der ihn zu den "Brüdern" - Zwangsarbeiter in Ägypten - senden will (sie werden fragen, wie der Gott heißt, der ihn sendet), erfolgt als Antwort: *ich bin da / ich will,werde da sein als der, der da ist!* (hebr *ēhjē ascher ēhjē*). "Das ist *mein Name* in Weltzeit" (3,14f).

Dieses göttliche Da-sein wird im Kontext als *Mit*-sein  (v 14: *ēhjē ʿimach*) und *Mit*-euch-*sein* u.ä. erläutert, und zwar im Sinne von Mit-Leid und Erbarmen mit den Geknechteten (Ex 3,7). Damit wird auch der Name JHWH (Jahwe) erklärt: durch Ableitung aus dem Wort *hajah* (*da*sein). Der *Name* Gottes, des Gottes Israels, soll verstanden werden wie zB in Ex 34,6: "JHWH ist ein barmherziger und gütiger Gott (*El*), reich an Huld und Treue". Als solcher will Er da sein und sich erweisen.[72]

Der Gläubige nennt den Namen nicht, er umschreibt Gott mit "der Name" (*ha šem*) bzw. "Herr" (*Adonaj*).

*Erbarmen, Güte, Treue* soll man als zentrale Aspekte des Namens Gottes verstehen, und zwar weltweit ("Licht für die Völker"). Sie bringen das Innerste des Gottes Israels (sein JHWH-sein) zum Vorschein und sind ebenso zukünftig, sind Verheißung wie JHWH selbst!

Damit kommt *Zukunft* in die Zeit. Sie ist offen, weil nicht berechenbar, ein offener Horizont. Doch ist die Zukunft zugleich *personal-göttlich*. Gott sagt *sich* Israel in Treue zu, konkretisiert sich, wird konkret in seinen Gaben: Bund, Lebensgesetz (Torah), fruchtbares Land, und immer neu in erbarmender Treue.

JHWH, Gott der Bibel, sprengt in Israels Bewusstsein den ewigen Kreislauf der Natur, indem Er *sich selbst* eröffnet als Geschichte bildende Zukunft, über den Bannkreis von Natur und Kosmos hinaus. JHWH/Gott ist, *formal* gesagt, eine zuvor nie da gewesene, neue, *über*natürliche ´Dimension`.

Wäre dieser Gott ein Stück Natur, wäre er Teil der ewigen Wiederkehr oder Wiederholung. Nur weil JHWH die Natur transzendiert, kann er Neues, kann Geschichte und Zukunft *eröffnen*.

*Israel* erhält dabei eine wichtige Berufung: es soll Gottes *Name* bei den Völkern sein (2Sam 7,23), soll der Ort sein, wo Gottes *Name* Wohnung nimmt; es soll m.a.W. JHWH-Gesellschaft werden und bleiben.

JHWH wird in Israel Wirklichkeit, wenn hier die Weisung "Liebe deinen Nächsten (Volksgenossen) wie dich selbst, *denn ich bin JHWH*" (Lev 19,18) gilt und erfüllt wird.

---

72 *Buber,* Moses, 54-67; *Cazelles,* La Bible, 60f

Das Zehngebot und andere Bestimmungen des Gesetzes (*Torā*) wollen den gesellschaftlich-sozialen Gehalt des JHWH-Namens umschreiben und sicherstellen.

So eröffnet JHWH Israel eine Geschichte, Zukunft, einen *Weg*. Heilsgeschichte ist nicht nur ein Zeitpfeil, sie ist ein *Weg*, *Gehen*, eine Wanderung, insofern *Geschichte*. ER offenbart sich Israel als Weg.

Wie wir heute, wenn wir einen Weg, eine Straße gehen oder fahren, Schilder, Wegweiser benötigen, so auch Israel. Seit je versteht Israel die Torah als "Wegweisung".[73] Daher setzt die Bibel oft das Bildwort vom "Weg" [74] ( z.B. Ex 32,8 / Dtn 31,29; Ps 16,11: "Du lässt mich verstehen den Weg des Lebens"; Ps 25,9: "Er (JHWH) lehrt die Armen/Demütigen seinen Weg" usw.) Indem Israel den Weg seines Gottes geht, wird es in und mit JHWH selbst geschichtlich, d.h. macht Geschichte, Heils-Geschichte.

Selbst die nicht-menschlichen Geschöpfe gehen den *Weg*, den ihr Schöpfer ihnen weist: so die Sonne (Ps 19,5-7), das Licht (Hiob 38,19.24). Unhörbar sagt ein Tag dem anderen, sagt die Nacht der folgenden Nacht die Weisung (*torah*), die der Schöpfer ihnen gibt (Ps 19,3ff).

Daraus erhellt, warum der Schöpfer in Gen 1 *spricht* ("da sprach Gott"): *schaffen* meint biblisch nicht bloß ´herstellen`, sondern zugleich und in einem *weisen, anweisen, gebieten*! Daher: "Höre, Israel!" deinen Schöpfer, Befreier und Weg-Weiser!

Sprache und Bild setzen sich fort im NT:

Im Mk-Evg (parallel Mt/Lk) ist Lehre und Geschichte Jesu "der Weg" (*hodós*, z.B. Mk 10,17.32.52 u.a.). Im Joh-Evg sagt Jesus von sich: "Ich bin der Weg ... niemand *geht* (*érchetai*) [statt "kommt"] zum Vater außer durch mich" (Joh 14,6).

Für die gesamte Bibel gilt das Wort des Propheten *Micha*: "Er hat dir, Adam, mitgeteilt, was gut ist und was JHWH bei dir sucht: Recht tun und Liebe und Güte und demütig *gehen mit deinem Gott*" (6,8).

Der Dekalog, die Bundessatzung, dann die Berg-(bzw. Feld-)Rede Jesu verstehen sich als von JHWH gebahnter und angebotener Weg. Israels Theologen der Genesis, Exils-Propheten, der auferweckte Jesus eröffnen den Weg und das Heil (Weg-Ziel) JHWH`s auch den Völkern.

Wenn das Sprichwort "Der Weg ist das Ziel" irgendwo zutrifft, dann für die Wege JHWH`s und Jesu mit dem Gottesvolk.

---

73 תּוֹרָה ein vom Kausativ-Stamm Hifil des Verbs ירה zeigen, weisen, unterweisen) abgeleitetes Nomen.

74 דֶּרֶךְ, von דרך treten, gehen, oder אֹרַח von ארח, unterwegs sein, wandern

Man sieht, wie genau und konsequent die Theologen der Bibel das Neue, das von JHWH Eröffnete - Geschichte und Weg - benannten und aus dem mythischen Kreisdenken lösten.

Menschen, die der Natur verhaftet sind, sind gerade *nicht* auf einem Weg, sondern im bloßen Zyklus und Rhythmus der Natur, im Karussell der Sonne, die die Planeten um sich schwingt.

## 10. *Entwicklung und Färbung des Gottesglaubens in Israel*

*Biblischer Glaube* bringt daher eine Mythen-kritische Neuheit: er beruft sich auf einen Gott, der sich in konkret angebbarer *Zeit* und *Geschichte* verlautbarte. Gott tut sich kund nicht nur in ewig anmutenden Ordnungen, sondern sogar in deren *Unterbrechung*, in Ereignissen der *Zeit*. Gott wird selbst "Ereignis", macht so *Geschichte*.

So zeigt sich ein bislang ungeahnter, neuer Zugang zu Gott: Gott *in* der Zeit, zu Gott *durch* die Zeit. Gott selbst relativiert die ´ewige` Welt-Ordnung, identifiziert sich nicht einfach mit ihr, ja durchbricht die "heilige" Ordnung, erweist sie so als relativ, qualifiziert sie als nicht-göttlich und als *Werkzeug*.

Es verwundert nicht, dass die an den Gott der Bibel Glaubenden, Juden wie Christen, sich im antiken Staat selber diskreditierten als vermeintliche "Atheisten" im Kreis der mythisch Gläubigen. *Diese* stellten im römischen Reich ja die absolute Mehrheit, während Juden und Christen, an nur einen Gott gläubig, der sich in der *Heils*-Geschichte offenbart, den Kaisern bis ins 4. Jahrhundert tief suspekt blieben.

Der Gott der Bibel ist und bleibt Der, der sich seinem Volk durch eine Reihe von Rettungs- und Befreiungstaten kenntlich machte, angefangen mit der Befreiung der "Mose-Gruppe" aus Pharaos Reich. Deren Entkommen aus Sklaverei mit Hilfe von Plagen, des Durchzugs durch ein Schilf-Meer, glücklicher Wanderung bis ins Kulturland Kanaan begründete - als "fundie-rende Geschichte" - den Glaubensverbund Israel und seine (oft gefährdete) Glaubenstreue zu seinem Befreier-Gott JHWH. (Zur Ergänzung s. S.60)

Denn ER hatte sich als mächtig in *geschichtlichen* Ereignissen erwiesen und gleichzeitig erkennen lassen, dass seine Macht auch die Beherrschung der Naturmächte einschloss.

Bevorzugte Offenbarungs-Orte waren und blieben Ereignisse der Geschich-te, schicksalhaft für sein Volk.

Dass der über die Geschichte mächtige JHWH *auch* über die Naturmächte gebot, hob ihn in Israels Bewusstsein weit über die Götter der Nach-barvölker, da jene, nur für die Natur (ohne die Geschichte) zuständig, nicht *all*mächtig sein konnten. Israels Propheten hatten wiederholt die Aufgabe, das Volk zur Raison zu rufen: im Unterschied zum Bundesgott seien andere Götter und ihre Bilder nichtig (*tohu*), kraftlos, nutzlos (Jes 44,9f).

Lieder der Glaubenserfahrung wie die Psalmen sind unaufhörliche Erinnerungsrufe in die Gemeinden: nur JHWH verfügt auch über jene Kräfte, die eure kanaanäischen Nachbarn *Baal* und anderen Gottheiten zuweisen.

Wie schon vermerkt, lieferten im 20, Jahrhundert Ausgrabungen in der altsyrisch-kanaanäischen Stadt *Ugarit* indirekt näheren Einblick in die Ausbildung des Gottesglaubens in Israel. Archiv-Funden zufolge galt *Baal* als Wetter- und Vegetationsgott, der zu Beginn der Trockenzeit (oder einer aperiodischen Dürre) dem Todesgott (*Môt*) unterliegt, in die Unterwelt abwandert, zu Beginn der Regenzeit aber *Môt* besiegt, zeitgleich den Meeresgott (*Jammu*) unterwirft, damit selbst als "Wolkenfahrer" im Sturmwind daher fährt, als Sieger die ausgedörrte Erde mit Wasser überschüttend, sodass Getreide und Früchte wachsen können. Ab da ist *Baal* "König", Alleinherrscher bis zu der Zeit, da er wieder schwach wird. Bildlich-figürliche Darstellungen zeigen *Baal* mit Keule und einer zum Blitz geformten Lanze.[75]

Der biblische Glaube korrigiert solche Zuschreibungen schicksalhafter Macht an *Baal* und betont, JHWH - dem in siegreicher *Geschichte* offenbarten Gott - seien all die Attribute eigen, die Kanaan *Baal* zuschreibt. So preist der 104. Psalm *JHWH*, der in Fluten oder wilden Wassern seine Wohnung baut (Motiv aus dem babylonischen Schöpfungsmythos), sich Wolken zum Gefährt nimmt, wandelt auf den Flügeln des Windes (104,3). Ähnlich preisen JHWH`s All-Macht die Psalmen 18, 29, 68 oder 93. Auch der Prophet *Jesaja* kündet in ähnlichen Bildern JHWH`s Macht über Widerstrebende (19,1; 27,1).

Es zeigt sich: Biblischer Glaube nimmt vertraute, mythische Bilder, um seines Gottes Geschichts- *und* Natur-Macht *anschaulich* zu machen: die mythischen Aussagen und Aspekte dienen als Schale oder Gefäß für die Botschaft von einem neuen, *über*mächtigen Gott, der nicht seinesgleichen hat.

Zudem fügt sich der Mythos vom *Sonnengott*, der kanaanäische, vor allem altägyptische und mesopotamische Wurzeln hat, in den Lobpreis von Israels Gott ein.[76]

---

75 Ausführlich mit Beispielen informieren *Schmidt*, Königtum Gottes; *ders.*, Alttestamentlicher Glaube, 161-169; *Loretz*, Ugarit ...; *Caquot,* a.a.O.; dazu *Eliade*, Geschichte der religiösen Ideen I, 144-154; 173-176

76 Exponate des Archäologischen Federsee-Museums zeigen: bronzezeitliche Siedler kannten durch Handel die vorderorientalische Sonnenverehrung; s.a. *Baumeister*, Von der Eis- zur Eisenzeit, 110-114

In der Bibliothek des assyrischen Königs *Assurbanipal* (7. Jh. v. Chr.) lagerte der alte "Große Hymnus" auf den Sonnengott *Schamasch*.[77] Er wird als Hirte und Hüter aller Menschen und Lebewesen gepriesen, dessen Licht alles, auch das Verborgenste enthüllt, der in Weisheit richtet, Übeltäter straft, Wohltäter am Leben hält. Auf akkadischen Rollsiegeln ist *Schamasch* als Richter wie auch Kämpfer für das Recht zu sehen.[78] Ein Rollsiegel vom 3. vorchristlichen Jahrtausend zeigt, wie aus *Schamasch* Flammen schlagen und zwei Wächter für ihn die Torflügel des Ostens aufreißen. Mit kraftvollem Sprung wie ein Held bricht er hinter den Bergen hervor, setzt zu seinem Lauf an, um als König und Richter je neu seine Herrschaft zu errichten.[79] So erscheint *Schamasch*, der Sonnengott, als der *Aufsteiger par excellence*, als unwiderstehlicher *Sieger*, dem ein Gott wie *Baal* zwar nacheifert, den er jedoch wegen periodisch auftretender Schwäche nie erreicht.

Auch im großen Hymnus des Pharao *Echnaton* auf den Sonnengott *Aton* (Rê) gilt die *Sonne* als alleiniger Schöpfer, Wohltäter und Vater. Altägyptische Stelen symbolisieren die Strahlen des Sonnengottes als helfende Hände.[80]

Auch Griechenlands *Apollon* war ursprünglich ein Sonnen-Gott.

Die Verehrung des Sonnen-Gottes bei den Nachbarn nahm Israel wahr als Konkurrenz zu seinem Gott JHWH, zumal im Land ebenfalls Sonnenanbeter erstanden. Der priesterliche Schöpfungs-Hymnus vollbringt die "Entmythisierung" (*W.H. Schmidt*) schlicht so, dass er die Sonne, genannt "große Leuchte", zur Kreatur *Elohims* erklärt, ihm so die göttliche Aura nimmt (Gen 1,14; Ps 136,7-9).

Um Entgötterung der Sonne geht es auch in dem nach dem Exil entstandenen 104. Psalm (v 19), der Sonne und Mond als Befehlsempfänger JHWH`s vorstellt.

---

77 Die wichtigsten Auszüge des Hymnus bei *Beyerlin*, 126-128
78 *Keel,* Die Welt der altorientalischen Bildsymbolik, 46.188
79 Siehe *Keel / Schroer*, Schöpfung. Biblische Theologien im Kontext, 78
80 *Beyerlin*, 43-46. Auswertung des Hymnus z.B. bei *Keel / Schroer*, Schöpfung, 163-166.

Rollsiegel der Akkadzeit (2350–2150 vC). Mit einem kraftvollen Sprung bricht der Sonnengott Schamasch zwischen den Berggipfeln hervor. Er ist gekennzeichnet durch Flammen, die von seinen Schultern emporschlagen, und durch sein Attribut, eine Säge. Die Berge werden durch die beiden mit Löwen geschmückten Torpfosten mythisiert. Drei göttliche Helfer fungieren als Torwächter. Zwei von ihnen reißen für Schamasch die Tore des Ostens auf.

Derselbe Psalm transferiert auf JHWH auch die Macht *Baals*, wenn er JHWH "Wolkenfahrer" und Herrn der Winde nennt (vv 3-4).

Im übrigen entdeckt er die von *Echnaton* dem Sonnengott *Aton* zugeschriebene Fürsorge für die Lebewesen auch bei Israels Bundesgott JHWH.

Hierher gehört auch Psalm 19: er *zitiert* in vv 6-7 direkt die alte akkadische, bildlich erhaltene Vorstellung vom Sonnengott *Schamasch*: vom Sonnenball, der aus seiner Kammer tritt, sich wie ein Held auf seine Bahn über alle Enden der Erde schwingt, und dessen Glut nichts verborgen bleibt. Dann aber (vv 8-11) wird das akkadische Bild gebrochen und in Israels JHWH-Glaube überführt: umfassend, Lebenskraft schenkend, verlässlich, weise, erleuchtend, das Herz erfreuend, wahr, ewig ist nicht die Sonne, sondern die *Weisung* (*torah*) JHWH`s.

Der Hintergrund lässt verstehen, dass in Ps 19 das Regiment der Sonne ab v 8 abgelöst wird durch JHWH`s Weisung (*torah*).

Der Vorgang wird abgerundet in Gen 1 mit dem durch Sprechen schaffenden, den Geschöpfen gebietenden JHWH mit Anspielung auf den Gottesdienst der Synagoge, der nicht zufällig mit dem Gebetsruf "Höre, Israel ! JHWH Dein Gott JHWH ist einzig!" beginnt.[81]

*Grundsätzlich* gesagt, nimmt Israels Glaube bzw. Theologie offenbar einen bekannten Mythos eines Fremdvolkes auf, zerbricht (bzw. ´köpft`) ihn und weist die Bruchstücke nach Bedarf dem *in seiner Geschichte erkannten* Gott JHWH, seiner Güte, seinem Wohlwollen, seiner Stärke zu.

Die Fundamentalkritik der Bibel an den überlieferten Mythen findet sich schon an ihrem Beginn.

Die Genesis-Texte Kap. 2-3 lassen den Anfang der Menschheit als heilige Urzeit im ungetrübten Einverständnis mit dem Schöpfer erscheinen, ein mythischer Zustand, der andauert, bis der Mensch die von Gott gegebene heilige Ordnung verrät. Es ist das auch andernorts bekannte Thema der menschlichen Hybris, die einen Ur-Verlust nach sich zieht. Doch sieht die Bibel die Ur-Schuld des Menschen nicht in einer konkreten Verfehlung, sondern im Unglauben, das heißt, im Entzug oder Verlust seines Vertrauens auf Weisheit und Güte des Schöpfers, seines als JHWH erfahrenen Retters. Das Nicht-Trauen auf Gott bringt nach und nach, sich steigernd, Unglück und böse Früchte hervor.

So bezieht die biblische Genesis *auch* die geschichtliche Entwicklung Israels ein: ständig wiederkehrende Untreue von Verantwortlichen (und Gefolgsleuten) des Bundesvolkes gegen den Bundes-Gott, dem es durch geschichtliche Bundesschlüsse verpflichtet ist. Die Untreue zieht historische Katastrophen nach sich, die Israel verheeren. Im Rahmen von Katastrophen, von Reue, je neu gewährtem Erbarmen JHWHs entsteht Hoffnung auf einen endgültig barmherzigen Eingriff Gottes, der die Schwäche des Volks heilen und den Bund erneuern wird.

Propheten malen Bilder einer endzeitlichen Heils-Zeit, die den verlorenen Anfang - "jene Zeit" ("illud tempus") - wiederherstellen, ja überbieten wird.[82]

Die endgültige Heils-Zeit erscheint in der Bibel nicht als bloße Wiederherstellung des Anfangs, sondern als heilende *Vollendung* des Schöpfungsanfangs: Vollendung durch neuen Anfang mit einem *geheilten* Menschen und Volk (Vision der Exils-Propheten).

Für Neues Testament und Liturgie der Kirche ist das Erscheinen - die Epiphanie - Jesu Christi die neue, heilende, heilige Ordnung Israels und der Schöpfung: "In jener Zeit" beginnt so die gottesdienstliche Lesung des

81 Siehe *Fischer,* Schöpfungsglaube, 86-92
82 *Eliade,* Kosmos, a.a.O.

Evangeliums von Jesus Christus, der als Anfang einer neuen Schöpfung geschaut wird. So wie der Anfang der Welt im Mythos heilig ist, so ist der Christus der Evangelien heiliger Anfang der neuen Schöpfung: "der Heilige Gottes" (Mk 1,24 Par), "das Heilige, das geboren wird, Sohn Gottes wird es genannt werden" (Lk 1,35).

Der alte Mythos, die herkömmliche mythische Denkart ist durch *geschichtliche* Gotteserfahrungen gebrochen. Doch die mythische Denkart als solche ist nicht einfach falsifiziert, vielmehr aufgebrochen und ergänzt durch den von Gott neu gesetzten *Anfang*.

Den alttestamentlichen *End*punkt setzen Propheten wie *Amos* und *Joel,* die Gottes Gericht über die alte Schöpfung in bestürzend radikaler Bildsprache anschaulich machen: JHWH werde das Undenkbare vollbringen, mitten am Tag die Sonne untergehen, Finsternis werden (Am 8,9; 5,8.18.20), ja die Sonne *sich* in Finsternis *verwandeln* lassen (Jo 2,10; 3,4).

Dies Unvorstellbare - Wandlung des helllichten Tags in Finsternis - sehen die synoptischen Evangelien bei Jesu Sterben am Kreuz sich erfüllen (Mk 16,33; Mt 27,45; Lk 23,44f). Sie tun dar, dass Gott von ganz anderer Art, Macht und Größe ist, als es Menschen bis dahin ahnen und fassen konnten.

Aber das Symbol "Sonne" ist noch reicher an Gehalt.

Der Prophet *Maleachi* hatte für Israels Gottesfürchtige den Aufgang der "Sonne der Gerechtigkeit" (*šemeš zedaqa*) angekündigt (Mal 3,20).

Die frühen Christen sehen ihn geschehen in Jesus Christus, war doch der *Sonnenaufgang Sinnbild* des *Auferstandenen* (Mk 16,2) sowie Anlass zur Sitte, sich am "Tag des Herrn" (Joh Apk 1,10) vor dem Morgenlicht ("*ante lucem*": *Plinius* an *Trajan*) zur Dankfeier (Eucharistie, "Mahl des Herrn": 1Kor 11,20) zu versammeln, weil am "Tag des *Helios*" - am *Sonn*tag - "auch unser Leben aufging".[83]

Der Sonnenaufgang war von Anfang an Sinnbild des Auferstandenen, führte bei Kirchbauten zur sogenannten "Ostung", dem Sonnenaufgang entgegen.[84] Christliche Gemeinde sammelt sich zum Auferstandenen hin.

Entsprechendes gilt für das *Osterfest*. Die jährliche Datierung des Kreuzestodes Jesu lag wegen der Verbindung mit Israels Passah-Feier fest, somit auch die Begehung der Auferstehungsfeier. Doch ging in das Verständnis des Oster-Festes auch der archaische Hinweis auf den Sonnengott ein, der ab der Tag-Nacht-Gleiche im Frühjahr seinen siegreichen Lauf gegen das Dunkel zum Höchstpunkt des Jahres vollführt.

83 *Ignatius von Antiochia*, zit. bei *Rahner*, Griechische Mythen, 101
84 Einzelheiten bei *Jungmann*, Missarum Sollemnia I, 22f. Missverständnisse dieses Brauchs wehrt schon *Tertullian* ab: Apologeticum - Verteidigung des Christentums XVI 9-11

Die universale Heil- und Ordnungskraft, die schon die alten Akkader und Ägypter am Sonnengott rühmten, ließ sich problemlos auf Christus übertragen: per Analogie, nicht per Identifizierung. "Die über das All dahinfahrende Sonne der Gerechtigkeit umwandelt gleichmäßig die Menschheit" (*Klemens von Alexandria*), von frühen Christen auch auf Grabmosaiken dargestellt.[85]

Auf einen weiteren (auch bei "Primitiven" auffindbaren) Aspekt des Mythos macht *Eliade* aufmerksam. Bei einer Reihe von Stämmen wird die Sonne "zum Prototyp des ´Toten, der jeden Morgen wieder lebendig wird`". Die Sonne, an sich unsterblich, steigt hinab in das Totenreich, "ohne den Tod zu erleiden". Dabei zeigt sie ambivalente Funktion, kann Menschen dorthin mitnehmen, also dem Tod preisgeben, aber auch Gestorbene hindurch leiten und "wieder ans Licht führen".[86]

Der ahnungsvolle Glaube scheint weit verbreitet (gewesen) zu sein, wie in der altägytischen Version des Totenbuchs *Amduat,* wo der Sonnengott *Amun Rê* bei seiner gefährlichen Nachtfahrt durch das Totenreich aus der Macht der feindlichen *Apophis*-Schlange je neu erlöst wird.

Der Mythos von dem das Totenreich siegreich durchziehenden Sonnengott *Amun Rê* hinterließ auch in der Bibel Spuren, etwa im 68. Psalm. Weil ungemein lehrreich, seien die wichtigsten Passagen zitiert:

(2) *Gott (Elohim) steht auf,*
*seine Feinde zerstieben,*
*seine Hasser entfliehen*
*vor seinem Angesicht.*
(3) *Wie Rauch verweht, da es weht,*
*wie Wachs angesichts des Feuers zerfließt,*
*schwinden die Frevler angesichts Gottes,*
*die Bewährten aber freu`n sich ...* (Übersetzung *Martin Buber*)

Im Hintergrund dieser Gottes-Zeichnung erkennt man die ursprüngliche Kraft des Sonnengestirns, umgesprochen auf Israels Gott.

(7) *JHWH ist es, der Heimatlosen Behausung gibt*
*und Gefangene ins Glück herausführt* (Ü. *A. Deissler*)

(19) *Du (JHWH) stiegst hinauf zur Höhe,*

---

85 Nach *Zeller*, Christus unter den Göttern, 135
86 *Eliade*, Die Sonne als Psychopompos und als Hierophantes, in: Die Religionen ..., 160-164

*Du führtest Gefangene mit*   (eig. Ü.)

(21) *Gott ist für uns ein Gott, der Rettung bringt,*
*und Gott, JHWH, führt heraus aus dem Tod*   (neue EÜ)

Das Symbol der Befreiung von Gefangenen aus dem Tod kraft siegreichen Aufstiegs zur Höhe (zum Zenit) des Sieges ist aus archaischer Vorstellung auf JHWH, Israels Gott, übertragen.

Im Neuen Testament wird das gleiche Bild auf Christus angewandt: Er ist über alle Himmel aufgestiegen, um zu herrschen in der Weise, dass er alle mit seinen Gaben beschenkt (Eph 4,8-10).

Auch *Paulus* bezieht das Bild auf Christus, der die Getauften als Gefangene in seinem Siegeszug mitführt, um sie an seinem Sieg über den Tod zu beteiligen (2Kor 2,14f). Der Kolosserbrief deutet das Bild an (2,15). Unter den "Heerscharen des Himmels" beim endgültigen Sieg des "Wortes Gottes" über die feindlichen Mächte werden die durch Glauben Geretteten mit gezählt (Joh Apk 19,14).

Grundlage ist eine ur-biblische Erfahrung und Überzeugung:

"Der Bewährte wird aufgrund seines Glaubens am Leben sein" (Hab 2,4; vgl. Spr 14,32).

Freilich ist auch zu sehen, wo der überlieferte Mythos gebrochen wurde:

Nach dem Mythos ist die Sonne unsterblich. Kraft ihrer Unsterblichkeit durchmisst sie Finsternis und Totenwelt und nimmt kraft ihrer Stärke vom Tod Gefangene mit sich (Siegeszug der Erlösten), um sie ins Leben zu entlassen. "Unbesiegte Sonne" ist Jesus aber nur als vom "Vater" *Auferweckter*.

Die frühen Glaubensbekenntnisse legen daher Wert auf Prädikate für Jesus, die der Sonne aufgrund natürlicher Unsterblichkeit nie zugeschrieben werden konnten: "gekreuzigt, gestorben, begraben".

Befreiung der vom Tod Gefangenen ist jedoch auch seine Sendung. Um zu bezeichnen, dass er nicht bloß für sich allein auferstand, sondern wirklich - wie die Sonne im Mythos - Kraft besitzt, die Fesseln der Toten zu lösen, fügt das Apostolische Glaubensbekenntnis die Formel an: "abgestiegen in das Reich der Toten" (≈ Šeol, Hades, Inferi).

Wie man dem ganzen Zusammenhang überdies entnehmen kann, wussten antike Christen - wie auch ´heidnische` Mitmenschen - Kräfte, Mächte und Wirkungen von deren *Träger* zu unterscheiden.

Dass der "Tag des Herrn" als "Sonn-Tag" zum bis heute bestehenden Feiertag wurde, verdankt die Christenheit dem Umstand, dass die Kaiser im späten Rom des 3. Jahrhunderts den syrisch-hellenistischen Sonnen-Kult übernommen und die Sonne, den "unbesiegten Gott", zum Reichsgott erhoben hatten, dessen Fest man zur Wintersonnenwende feierte. Im Zuge der kaiserlichen Christianisierung des Reiches wurde das Fest ´getauft` und zum Geburtsfest des auferstandenen Christus deklariert.[87]

Überblickt man die Entwicklung aus dem Anliegen der Hermeneutik, der Verstehens-Wissenschaft, drängt sich die Feststellung auf: Wesentliches bezüglich Kritik, Modifizierung und Verständnis überkommener Mythen haben die Autoren der Bibel schon selbst geleistet.

Auch moderne Menschen sind fähig (für den Philosophen *Cassirer* dank ihres mythisch-symbolischen Apriori), mythische Bildsprache zu verstehen, sobald ihnen ihr Hintergrund eröffnet ist; ihr Verstehens-Niveau ist nicht eingeengt auf historisch-faktische, gar nur auf naturwissenschaftliche ´Szenarien`. Ihre "irrationalen" Ängste, Anmutungen, subrationale und transrationale Erlebnisfähigkeit, ihr "existenzielles" Bewusstsein gestatten ihnen empathisches Verstehen biblisch-altorientalischer Bildsprache.

Zudem leisteten die biblischen Autoren Entscheidendes für die Akzeptanz von Mythischem in der biblischen Botschaft. Da sie die Entgötterung von Sonne, Mond, Donner, Blitz und anderen Kräften konsequent betrieben, entfällt die These, das "Weltbild der Bibel" sei verbrämter antiker Mythen-Glaube.

Obwohl Macht und Wirken des Gottes, den sie bezeugen, für sie keinen irdischen Ursprung hat, finden sie diese im Wirken geschaffener Kräfte analog-bildhaft angedeutet: Fingerzeige für Gottes menschenfreundliches Wirken. Die Autoren setzen selbstverständlich die Erfahrungen des *Numinosen* - des Schauervollen, Übermächtigen, Erhabenen usf. - als menschliche Allzeit-Erfahrungen voraus. Sie werden auch von modernen und "postmodernen" Menschen gemacht und erzeugen Nachdenklichkeit, wo man sie nicht rasch überspielen kann. Erfahrungen des Numinosen in Leben und Welt sind bis heute ein unentbehrliche Brücke für die Öffnung der Sinne und des Geistes für die biblische Gottesbotschaft und ihre mythischen Bilder, die an jenen Erfahrungen anknüpfen.

Selbstverständlich ist den biblischen Autoren bewusst: attributive Analogien, die sie verwenden, werden von dem "immer größeren Gott" überholt, Analogie ist Annäherung, nicht Identifikation. Die Autoren kennen die

---

87 Näheres zur Entwicklung bei *Rahner*, Griechische Mythen, a.a.O.,133-140. Zum „Osterbild des Ostens" s. v. Balthasar, Drei Tage, 128-131!

Gefahr, dass menschlicher Hang zu Vereinfachung, zu Identifikation das Gottesbild fälscht.

Deshalb wird schon das Alte Israel in der Bundesurkunde verpflichtet, anders als Nachbarvölker sich kein Abbild (*pesel*), keine Nachbildung (*t<sup>e</sup>munah*) von irgendetwas am Himmel, auf der Erde oder von unten im Meer herzustellen, damit es nicht in Versuchung gerate, ein Idol anstelle JHWH's zu verehren oder Gott in solch einem Idol ´haben` zu wollen (Ex 20,4; Dtn 5,8).

*Fassen wir zusammen*: Die Bibel betreibt nicht "Entmythologisierung" (*Bultmann*), sondern "Entmythisierung" in der Weise, dass Mythen *gebrochen*, ´geköpft` und Elemente daraus in *Symbole* für *heilsgeschichtliche* Ereignisse und Zeugnisse Gottes umgewandelt werden. Dabei können Bilder, die in benachbarten Kulturen Eigenschaften eines göttlichen Schöpfers, Retters, Richters anzeigen, auf Israels Gott, Herr der Geschichte *und* der Natur, übertragen werden. Die mythischen Bilder erleiden also einen Wechsel des *Subjekts*.

## 11. *Mythos, Mysterium und Kult*

*Paul Tillich* stellt fest: Die Sprache der Religion, des Glaubens ist die Sprache der Symbole. Damit ist sie auch Sprache von Mythen.

Im Ansatz gilt auch für das christliche Mysterium die Formel, die spätantike, nicht-christliche Mysterien-Kulte kennzeichnet: Im "jährlichen Aufleben und Sterben der Natur, im Wachsen und Zeugen und Hinsinken der Lebewesen erschaut der Mensch der Mysterien ein Dahinterliegendes, und das ´Symbol` des Naturgeschehens ist ihm nur die eine Hälfte des *Symbolon*: die andere dazu passende Hälfte ragt ins Jenseits, über das Sterben hinaus".[88] Dazu wurde im vorigen Abschnitt Wesentliches gesagt.

Vergewissern wir uns nochmals am Titel "Sohn", mit dem Jesus sich selbst bezeichnet, der ihm aber auch von anderen beigelegt wird: "Sohn Abrahams", "Sohn Davids", "Sohn des Zimmermanns", "Sohn Josephs", "Menschensohn", "Sohn des Höchsten", "Sohn Gottes".

Offenbar ist hier das Symbol "Sohn" mal genealogisch, mal biologisch, mal im Sinne von Erwählung und Ursprung gemeint. In Debatten mit schriftkundigen Gegnern kommt es zu Streit, denn sie spüren: Jesus erhebt den Anspruch, unmittelbar Zeuge von Gottes Wille zu sein. So sind Zurückweisungen des Anspruchs begleitet von Herabstufung des "Sohn"-Titels: *nur* "Sohn Josephs", nicht "vom Himmel herabgekommen" (Joh 6,41ff). Die Hinrichtung am Kreuz verführt Spötter, auch die religiöse Elite zu Hohn: Wäre er Gottes Sohn, würde er heruntersteigen oder Gott würde ihn retten - also ist er nur eines Menschen Sohn, schlicht *Mensch* (Mt 27,39-44).

Gegner sperren sich gegen die Ausweitung des Ur-Wortes "Sohn" in Gottes Geheimnis [89]

Doch begegnen wir in den Evangelien analoger Erweiterung des "Sohn"-Titels in Gottes Sphäre. Da der Ausdruck "Menschensohn" (*ben adam*) im Mund Jesu nur indirekt auf Jesu Gottesbeziehung hinweist, umschreibt Jesus (zumal bei *Matthäus* und *Johannes*) mit "Sohn" seine innigst mögliche Beziehung zum "Vater", die *Vertrautheit* des "Sohns" *mit Gott als* "Vater" (*abba*: Mk 14,36) - ein Symbolpaar, das die Herkunft von Jesu Anspruch begründen will.

---

88 *H. Rahner*, Griechische Mythen, 32; ähnlich *Rosenberg*, Einführung, 9-24.- Die spätantiken Mysterien-Religionen blühten im 3. Jahrhundert (kurz vor ihrem Ableben), haben also mit dem *Ursprung* des Christentums nichts zu tun.

89 Die Reserve der jüdischen Autoritäten gegen einen göttlichen Sinn des Sohn-Titels für Jesus hält bekanntlich bis heute an und machte auch auf den Islam Eindruck: Koran (4. Sure).

Die Gewissheit überwältigender Präsenz (*ruach, pneuma*), der Selbst-Gegenwart von JHWH´s Gericht und Erbarmen *in Person und Auftreten* Jesu ließ Jünger und frühe Gemeinden nicht zweifeln an Herkunft und Ursprung. Gläubige Hörer*innen des Evangeliums erfühlen den übermenschlichen Symbol-Gehalt der Rede vom "Sohn", mögen sie ihn auch nicht leicht ´buchstabieren` können. Ihnen ist intuitiv und inklusiv auch bewusst, dass der Sinn-Gehalt *dieses* "Sohn"-Titels weit über Analogien mit Götter-Söhnen Altägyptens, Kanaans oder griechisch-römischer Antike hinausreicht.

Weil der Begriff *Sohn* aber seit je zur elementaren Lebenswirklichkeit von Menschen gehört, ist er im biblischen Text nicht ersetzbar, auch nicht reduzierbar auf einen bloßen "Code". Vielmehr ist er Ausgangspunkt christlicher Lebensdeutung, zu der auch Aneignung real-symbolischer Analogien gehört. Der gläubige Mensch also bedient sich "der von der Natur vorgegebenen Ursymbole ..., um ein Jenseitiges, Höheres auszusprechen".[90]

Ein propädeutischer Vergleich: "Das Symbol ... ist wie ein Kleid, das die Körperform anzeigt und zugleich verhüllt. Ja, dieses sinnenhafte Wesen des Symbols ist geradezu notwendig, um den Glanz des Jenseitigen zu verbergen und nur denen zu öffnen, die dafür die Augen erhielten".[91]

Erinnern wir nochmals an *Guardinis* Einschränkung: Symbole, auch Mythen, mythisch gefärbte Texte verstehen jene, die sie arglos-unvoreingenommen betrachten. Allerdings ist ihre Erkennbarkeit *als Symbole* nicht zwingend: das Kreuz ist für das Auge erkennbar, seine Erkenntnis als Symbol für ... nicht zwingend. Hier ist Jesu Tod zuerst nur Zuordnung; später, beim Aufgang seiner Hintergründigkeit wird das Zeichen zum Symbol.

In Anbetracht vieler heute umlaufender, Spott provozierender Missverständnisse christlichen Glaubens kann man sich erinnern an die Einsicht des frühen Christentums: enthüllt wird das rechte Glaubensverständnis "vom Heiligen Geist, in dem Ausmaß, als es uns möglich ist, Geist aufzunehmen".[92]

Denn "der Mythos wurde gewandelt in das Mysterium" (*Hugo Rahner*).

Elementar-vorläufiges Verständnis später Lebender und Lernender für das bezeugte Heils-Ereignis entsteht, wo die "Auferstehung Christi vom Tod"

---

90 *Rahner*, Griechische Mythen, 47f (mit Berufung auf *K. Prümm*).- Das schließt eine hermeneutisch-propädeutische Bemühung um Annäherungen an den "Sohn-Gottes"-Titel nicht aus, sondern ein, wie sie *Hans Küng* sorgfältig unternimmt in: Existiert Gott?, 743-752
91 *Rahner*, Griechische Mythen, 50
92 *Johannes Chrysostomus* (3./4. Jh), zit. bei *Rahner*, Griechische Mythen, 52,

im Bild der siegreich aufsteigenden, "unbesiegten Sonne" anschaulich formuliert wird. Andere mythische Bilder können weitere Aspekte des Sieges Christi über den Tod anschaulich machen: für intuitives *Verstehen* - anstrengender für das *Nach*denken. Zu erfahren, dass ein christlicher "Mythos" an einem geschichtlichen Ereignis haftet, zeugt vielen für die Glaubwürdigkeit, verglichen mit vor- und außerbiblischen Mythen; andere empfinden dies als Schwächung.

Im Bild: "Mythos ist die Landzunge, die die vorgelagerte Inselwelt unserer Gedanken mit dem großen Kontinent verbindet, zu dem wir in Wirklichkeit gehören" (*C.S. Lewis*).

Biblische Autoren konnten also Gottes Botschaft in außerbiblisch-mythische Formen einzeichnen, da diese, obwohl bruchstückhaft, Ansätze und Analogien des *Wahren* abbilden und enthalten, des Wahren, das die JHWH-Offenbarung im AT bestätigt, erweitert, ergänzt, erfüllt. Bilder und Symbole ausgewählter Mythen enthalten soviel Zeit übergreifende Wahrheit, dass sie sich als Gefäße für die Offenbarung *der* Wahrheit eigneten, die "kein Auge gesehen, kein Ohr gehört hat, keinem Menschen in den Sinn gekommen ist" (Jes 64,3;1Kor 2,9). *Jesaja wie Paulus* preisen Gottes Weisheit (offenbart in seiner liebenden Treue), die tiefer sei, jenseits dessen liege, was Menschen ahnen und ausdenken können.

In der Sprach- und Bildwelt der Mythen, wie die Bibel sie integriert, will aufleuchten, was an sich jenseits alles Sinnen-fälligen ist: das *über*natürlich ewige Heil, das *in der Geschichte* sich begeben hat, begibt und auch Naturmächte in Dienst nimmt.

Während die "Chiffren" bei *Jaspers* vieldeutig "*in* den [unfassbaren] Grund leuchten", leuchten die mythischen Symbole der Bibel *aus* dem Grund und beleuchten Gottes Heils-Beschluss in dessen geschichtlicher Eindeutigkeit.

Die Kirche anerkannte früh, dass die Menschen der Wohnräume außerhalb Israels mit der natürlichen Vernunft an den Werken der Schöpfung Grundlegendes von Gott und seinem Willen erkannten und erkennen konnten.[93] *Paulus* bestätigt ausdrücklich (Röm 1,20ff.31ff), alle Menschen hätten Gott erkannt. Allerdings würden viele diese Erkenntnis nicht leben, weil sie ihren Begierden frönen wollten. Diesen zuliebe würden sie Geschaffenes verabsolutieren, statt den Schöpfer zu ehren. So komme es auch zur Ehrung von Tierbildern an Gottes Stelle. Abwendung vom wahren Gott entwertet für *Paulus* auch mythische Symbole *unter* ihre *ursprüngliche* Bedeutung und Erkenntnis.

---

93 Vgl. Röm 1,18-32; 2. Vatikanisches Konzil Erklärung *Nostra Aetate* Nr.2; zur "natürlichen Offenbarung" s.a. *Eicher*, Offenbarung, 335-339

Biblischer Glaube realisiert sich quasi leibhaftig im *Kult*. Er ist nach Wort und Sachgehalt ein Stück *Kultur*, verwandelt die dingliche und menschliche Umwelt in eine Art "Zwischenwelt", wo - allgemein gesagt - "Jenseitiges durch Diesseitiges gerufen und vertreten wird".[94]

Direkter gesagt ist Kult "das *Offenbar-werden des heiligen Seins der Gottheit*"; in ihm wird die Botschaft des Mythos gegenwärtig und ´heutig`.[95]

Der Kult ist seit je vorrangiger hermeneutischer Zugang zum Mythos und zu quasi mythisch mitgeteilter Offenbarung. Im Kult bildet sich das mythische Geschehen nicht bloß ab; Kult *realisiert* das mythisch bezeichnete *Geschehen*. Im Kult ist der Mythos *lebendig*, im Kult wird er *wirklich* als real-symbolisches Geschehen: In den kultischen Haltungen, Bewegungen und Handlungen *offenbart sich* die Gottheit für die Menschen (*Theophania* S. 26.29f). Aus biblischer Sicht handelt es sich hier um sogenannte "Ur-Offenbarung" oder Schöpfungsoffenbarung.[96]

Kult, "Gottesdienst", *in der alten Kirche* "Mysterium" genannt, ist auch, biblisch verstanden, Vergegenwärtigung des in mythischer Rede angesagten Geschehens, ja dessen Zuwendung an die Feiernden. Daher der Ausdruck "Kult-Eidos ´Mysterium`".[97]

Unter *Kult* versteht die Bibel, mit anderen Worten, die "Auf-Sammlung, Deutung und Darstellung erfahrener Geschichte" mit Gott (*Hermann Seifermann*).

Auch für das Neue Testament gilt: Das Innere der Botschaft, die von Gott in Christus geschenkte Gabe ´verleiblicht` sich, übersetzt sich in den *Gemeinschaft bildenden* Feier-Dank einer Gemeinde.[98]

Hier treten die Feiernden in das offenbar werdende Geheimnis ein durch Haltung bzw. Haltungsänderung (Unwürdigkeits-[Sünde-] Bekenntnis, Reinigungsbitte, Sammlung, Schreiten, aufrechtes Stehen, Knien), Hören (Akklamation mit "Amen"), ehrfürchtiges Schweigen, betendes und jubelnd-singendes Ja zu Gottes Zuwendung, Sich-einbeziehen-lassen in das sinnlich anwesende, heilige Geheimnis: JHWH als *Sonne, Wolke, Donner, Blitz* vergegenwärtigt sich kultisch in stilisiert-sinnbildlichen Phänomenen: Licht (Sonne, Tag = Gegensatz zu Finsternis), Weihrauch (Wolke), Fackeln/ Kerzen (Blitz), Glocken, Schellen, Posaune (Donner). Die "Stimme aus der Wolke" wird für die ergriffene Gemeinde hörbar in der Verkündigung des Evangeliums.

---

94 Vgl. *Kirchgässner*, Der Mensch im Gottesdienst, 10f; *Pieper*, Muße und Kult, 85ff
95 *Otto*, Theophania, 22-27; *Grassi*, Kunst u. Mythos, 77-106; *Pieper*: Überlieferung, 84ff
96 Vgl. Wsh 13,1-9; Vaticanum II Dogm. Konst. über die göttliche Offenbarung 3,1
97 *Casel*, Das christliche Kult Mysterium, 46ff
98 *Guardini*, Vom Geist der Liturgie, 45ff; II. Vatikanisches Konzil, Konstitution über die heilige Liturgie, Nr.7

Kult macht die Feiernden gleichzeitig mit der *Heils*geschichte.

Eucharistie ist Feier der "Himmelfahrt Christi" im Dank für seine Wiederkunft in der Gemeinde, wo seine Sendung vom "Vater" her Zeit übergreifende Gegenwart wird.

Schärfer als außer-biblische Mythen benennen die biblischen Zeugen jedoch das Rätsel des Bösen, das unverstanden-belastend zwischen Gott und Menschen steht: "der Knecht JHWH`s erkennt das Geheimnis des Leidens darin, dass es ein Leiden um Gottes und seines ´Begehrens` willen gibt",[99] ein Geheimnis, das für das NT in Jesus Christus am Kreuz unüberbietbar wirklich wurde.

99 *Buber,* Der Glaube der Propheten, 326

# GLOSSEN

1. Gegen ein Symbol- und Bild-Verständnis, wie es oben vertieft wurde, legt der protestantische Theologe *Meyer Blanck* Widerspruch ein.[100] Auf Basis der Semiotik von *Umberto Eco* lehnt er das traditionelle Symbol-Verständnis, auch das von *Tillich* und *Ricoeur* ab. Seit *Kant* ist für viele protestantische Theologen der Ansatz beim menschlichen *Subjekt* maßgebend, der andernorts leicht unterschätzt wird. So soll anstelle einer Ontologie, gar Metaphysik des Symbols die vom Subjekt (historischer Ausgangspunkt: *Luther*) ausgehende "Codierung" und spezielle "Signifizierung" treten, die bei *Meyer Blanck* gar zu einer Art Konfessionalisierung des Symbolbegriffs führt. Orientierungspunkt ist ihm das reformatorische Abendmahlsverständnis: Brot und Wein empfangen sakramentale Bedeutung nicht aus sich (obgleich "verwandelt"), sondern "ex usu". Demgemäß sollen religiöse Symbole und Sakramente allein "als Phänomene von Kommunikation, Konvention und Code thematisiert" und erläutert werden, denn in ihnen träfen wir jenes ´A priori`, das ein Symbol zum Symbol macht und ohne "Ontologie" auskommt. Zugespitzt formuliert er die Alternative: statt des Prinzips "das Symbol gibt zu denken" solle das Prinzip gelten "die Kommunikation gibt zu denken".

Vorweg sei festgehalten: auch *Meyer Blanck* denkt offensichtlich hermeneutisch und betont den Anteil der Gesellschaft (speziell der Kirche) an Bedeutung und Verständnis des religiösen Symbols. Aber es ist fraglich, ob sein semiotischer Ansatz ausreicht, um etwa biblische Analogien und Gleichnisse verstehen zu lassen - von Mythen und ihrer (kritischen) Verwendung in der Bibel zu schweigen. Wenn etwa der johanneische Jesus sich als "Weg" bezeichnet, sich als "Brot" oder der Samariterin als "Quelle" anbietet, lässt sich diese biblische Symbolsprache bis ins Alte Testament zurückverfolgen. Die Bilder sind aber nicht nur aus "Kommunikation, Konvention und Code" erklärbar. Diese sind zwar beteiligt, greifen aber doch nur, weil der jeweilige Sinngehalt über das Univok-Alltägliche hinaus und per Analogie an Gottes "Thron" hinan reicht.(um nochmals sinnbildlich zu reden). Es gibt, wie ja auch Dichter wissen, Ur-Worte, und sie sind auch in den Mythen enthalten. Allein die Bedeutung des "Sohn"-Titels für Jesus und Evangelisten könnte zeigen, dass rein semiotische Behandlung des Titels nicht ausreicht.

---

100 *M. Meyer Blanck,* Vom Symbol zum Zeichen - Plädoyer für eine semiotische Revision der Symboldidaktik: http://www.rpi-loccum.de/material/aufsaetze/symbol

Allerdings könnte die zunächst nur semiotische Behandlung christlicher Symbolik für Kinder, Jugendliche und Anfänger in der Glaubensunterweisung ein didaktischer Einstieg sein

2. Obige Überlegungen wären auch missverstanden, wollte man daraus ableiten, alle Menschen wären religiös oder würden an Gott glauben, auch wo sie es nicht zugeben. Es scheint Menschen zu geben, die unempfindlich ("religiös unmusikalisch") gegen jeden Hinweis auf religiöse Transzendenz reagieren und nicht das Gefühl haben, ihnen fehle etwas.[101] Auch Jesus geht nicht davon aus, dass alle, die ihn hören, an Gott glauben: die Zuhörer verweist er auf den "steinigen Grund", auf den bei manchen die Samen des ausgestreuten Wortes fallen (Mt 13,4.19). Auch reagiert Jesus zornig und traurig, als ihm verstockte Herzen ohne Gespür und ohne Glauben an Gottes Menschenfreundlichkeit feindselig entgegen treten (Mk 5,6). Doch sind *verstehen* und *glauben* zu unterscheiden: es gibt Menschen, die ein Wort des Evangeliums nicht verstehen, weil ihr Herz anders ´gepolt` ist, und solche, die Nein sagen, *weil* und *obwohl* sie verstehen, zumindest *ansatzweise*, die Sinn-Richtung verstehen. Verstehendes Sehen, jedenfalls tieferes Sehen steht nämlich "unter dem Diktat des inneren Wollens". Darum ist "unser Erkennen ... unser Leben".[102]

"Verstockung" kann sich auch aus physisch-psychischer Schwäche, aus Müde-sein entwickeln: man ist Gottes und seiner Verheißungen müde - eine Schwäche, die z.B. den todkranken Dichter *Reinhold Schneider* heimsuchte, die sensible Psychotherapeuten heute bei Patienten häufig konstatieren.

Nicht-Verstehen kommt natürlich auch aus Missverstehen, etwa weil man einen Ausdruck, ein Bild *univok statt analog* versteht und so die Botschaft unzumutbar findet ("Wie kann uns der sein Fleisch zu essen geben?" Joh 6,52). Auch stimulieren biblische Bilder in Menschen, die sie hörend, lesend aufnehmen, spontan auch *innere* Bilder hinzu, die den gemeinten Inhalt unbewusst anreichern und so mehr auszudrücken *scheinen*, als z.B. das Evangelium oder eine Homilie meint. So werden in den Empfängern leicht Täuschungen, ja Irrtümer entfacht.

In diesem Rahmen wäre auch deutlicher, als es hier geschieht, zwischen Symbolen, Metaphern, Parabeln, Allegorien u.ä. zu unterscheiden, was jedoch für unsere Themenstellung zu weitab liegt.[103]

101 Dazu ausführlich *E.Tiefensee*, Homo areligiosus, in: *Müller*, Freude an Unterschieden, 20-35
102 *Guardini,* Die Sinne, a.a.O., 36
103 Näheres bei *Ritschl*, Bildersprache, 124-134

# AUSLEGUNGSBEISPIELE

Es empfiehlt sich nun, Gesichtspunkte zur Auslegung biblischer "Mythen", die in den vorangehenden Abschnitten grundsätzlich entfaltet wurden, an der an Fakten ebenso wie an Symbolen reichen Sprache der Bibel, vor allem der Evangelien gleichsam zu verifizieren, und zwar so, dass sowohl die Symbole wie auch die mythischen Motive durchsichtig werden für die hinter ihnen stehende, von *erlebter Geschichte* ausgelöste Botschaft.

Ein nüchtern-protokollartiger Klartext des Evangeliums - ohne mythisch-symbolisches Gewand -, den man mit einiger Mühe entwerfen könnte, würde bedeutend weniger auch an emotionalem, zu Herzen gehenden, in Bewegung bringenden Gehalt bieten, als es mit den originalen Bildern und Symbolen der Fall ist. Das Evangelium wendet sich zwar an den Kopf, doch ebenso an das *Herz* der Hörer und Leser, das von bloß Fakten notierenden, Sachverhalte erläuternden, Gebrauchsinformationen anfügenden Darstellungen erfahrungsgemäß kaum berührt werden würde.

Beginnen wir mit dem anstößigen Begriff "Erbsünde".

## - Anmerkungen zur "Erbsünde"

*John Henry Newman* äußert in seiner "Apologia pro vita sua" seine Überzeugung: "Ich schließe in Bezug auf die Welt - *wenn* es einen Gott gibt und *da* es einen Gott gibt, muss das Menschengeschlecht von der Wurzel her in irgendein furchtbares Unglück verstrickt sein. Es hat die Verbindung mit den Absichten seines Schöpfers verloren. Das ist eine Tatsache, so sicher wie die Tatsache Seiner Existenz; und darum ist die Lehre von dem, was die Theologen Erbsünde nennen, in meinen Augen fast ebenso gewiss wie die Existenz der Welt und die Existenz Gottes".[104]

*Newmans* Bemerkung läuft auf ein populäres Argument hinaus, das viele Leute auch heute oft genug brauchen: Die Welt ist zu schlecht, zu böse, als dass es hinter oder über ihr einen Gott geben könnte. Wenn es Gott gibt, müsse er ein Zyniker sein, da er die Menschen einander so zahlreich umbringen und so viele Katastrophen geschehen lässt, unter denen Zig Tausende Leben, Gesundheit, Hab und Gut verlieren. Manche Theologen gehen neuerdings dazu über, zu behaupten, Rechtfertigung hätten nicht

---

104 Zit. bei *Bischofberger,* Die sittlichen Voraussetzungen, 168. Schon *Platon* deutet im "Symposion" das Unglück der Menschen aus dem schuldhaften Verlust der ursprünglichen Ganzheit.

Menschen, sondern Gott zu leisten für die üble Welt, wenn er sie denn schuf.

Was kann die Theologie darauf antworten?

Traditionell versteht sie unter "Erbsünde" den allgemeinen Unheils-Zustand, in dem sich die Menschheit seit Anfang befindet. Unheils-Zustand meint die erwähnte Beobachtung, dass die Menschheit Gott als abwesend, fern, rätselhaft, ja wie tot empfindet. Aktuell ist heute nicht primär die explizite Leugnung Gottes, vielmehr eine Gottes-Müdigkeit, ein Gefühl der Abwesenheit Gottes, das Problem, Gottes Abwesenheit überhaupt zu empfinden, ja mit dem Wort *Gott* überhaupt einen Sinn zu verbinden.[105] Kernproblem ist das "Stöhnen" der Kreatur, das vielfältige, oft als sinnlos empfundene Leid, dem Menschen und sonstige Lebewesen ausgesetzt sind. In seinem Brief an die römische Gemeinde lässt sich der Apostel *Paulus* in markanten Versen darüber aus: über die Leiden der Jetzt-Zeit, die Angst der Geschöpfe, die Sklaverei der Vergänglichkeit (Röm 8,18-22). In Verbindung mit dem 5. Kapitel des selben Briefes werden die Leiden unter Vergänglichkeit und Tod mit *Adams* Versagen in Beziehung gesetzt und von der Übertretung des Schöpfergebotes durch *Adam* und *Eva* (Gen 3) abgeleitet. Diese Ableitung übten nicht erst die Christen, sie erbten sie von Theologen des frühen Judentums.[106]

Für die biblisch-historische Forschung ist heute klar, dass es sich bei der "Sündenfall-Erzählung" um eine ätiologische Sage handelt. Mythische Ätiologie erkundet in narrativer Form die Genese eines Zustandes, im vorliegenden Fall die Entstehung der Unheils-Situation, welche die Menschheit belastet. Die ätiologische Sage betont, für sie trage der Mensch selbst die Verantwortung, da er - in Kenntnis des Weges zu Leben und Heil - von Anfang an (d.h. so weit man zurückdenken kann) aus Besserwisserei, Trotz und Misstrauen den Weg eingeschlagen habe, der zu Leid und Tod führt (vgl. Dtn 30,15-20), und er diese Unheils-Situation fast tagtäglich erneuere.

Die Einsicht, dass es sich bei Gen 3 um eine ätiologische Sage handelt, befreit Theologie und Glaube auch von dem religiösen Scheinproblem, ob die Menschheit sich aus einem einzigen Paar (Monogenismus) oder aus vielen Paaren (Polygenismus) entwickelt habe.

---

105 Das betrifft nicht nur christliche Bekenntnisse, sondern z.B. auch den Islam: *M. Blume,* Islam in der Krise (Ostfildern 2017)

106 *Zeller* zitiert in seinem Römerbrief-Kommentar frühere rabbinische Ausdeutungen von Gen 3,17f und die mit *Paulus* etwa zeitgleiche syrische Baruch-Apokalypse (die Welt in die Folgen der Ur-Sünde Adams hineingezogen).

Was im Wesentlichen naturkundlicher Forschung nicht unterliegt, ist die genannte Unheils-Situation der Menschheit und ihr Leiden daran. Nach biblischer Überzeugung liegt der Weg zu Leben und Heil ja offen (offenbart) vor den Augen der Menschen, doch beschreiten sie ihn nicht oder nur in geringer Zahl. Dabei spielen kulturgeschichtliche Gründe der Entfremdung vom biblischen Erbe sicherlich mit. Sie gehen ein in das verbreitete Bewusstsein und Gefühl, Gott sei nicht da, es herrsche "Gottes-Finsternis", ja der Mensch habe Gott "getötet" (wie *Nietzsche* ausrief). Sie sind der Kern der Unheils-Situation, die "Erbsünde" genannt wird.

Gläubige, die vom biblisch-geschichtlichen Zeugnis JHWH-Gottes ausgehen und in diesem Licht die Schöpfung im Ur-Zustand und End-Zustand als heil, harmonisch, glücklich schauen, versuchen diese beiden Erfahrungen - Unheils-Zustand der Welt ohne Gott, Heils-Zustand unter dem Antlitz Gottes - miteinander zu verbinden. Sie tun es, wie gesagt, mit Hilfe des mythischen Konstrukts einer *Genese*: Anfangs war die Welt heil, aber - wie Paulus im Rückgriff auf Gen 3 formuliert - "durch *einen* Menschen kam der *Tod* in die Welt und zur Herrschaft" (Röm 5,12.17). Allerdings kam auch wieder durch Einen, Jesus Christus, das *Leben* in die Welt und erreicht jene, die sich Christus anschließen (Röm 5,17; 6,1-11). Ausgangspunkt gläubiger Theologen des AT war die Erkenntnis, dass der Gott, dem sie begegnet waren, von Wesen gütig, menschenfreundlich ist, dass aber der Mensch selber, statt sich an Gottes Menschenfreundlichkeit zu orientieren und zu halten, dessen Hand losgelassen hat und darum im Meer von Unheil und Tod versinkt.

Die mythische Sintflut-Erzählung (Gen 6-8) macht die gott*lose* Verlorenheit der Menschheit anschaulich: eine Welt voll heilloser Gewalt. Der Turmbau zu Babel will kurz verdeutlichen, dass Menschen in gottvergessener Hybris dazu neigen, ihre Technik bis in den Himmel - das heißt: zu Gott - hoch zu treiben, um - hier setzt der Umschwung des Unglaubens ein - den Himmel zu stürmen, mit dem direkten oder indirekten Gedanken, den himmlischen "Thron" leer zu finden, also selber und exklusiv zu bestimmen, wie es weiter und wo es hin geht. Sie wollen allein das Sagen haben und finden, Gott gehorchen, sich nach Gottes Weisung richten zu sollen sei Zumutung. In ihrem Autonomie-Wunsch möchten sie Gottes Gebot noch nicht einmal als guten oder wohlmeinenden Rat verstehen.

Sie handeln, als ob es diesen nicht gäbe, und klagen Gott an, dass ihre eigenen Aktivitäten immer wieder in Sackgassen führen und Leid hervorrufen, weil das Gedächtnis so kurz ist und der Versäumnisse so viele sind.

Das ist die Unheils-Situation, von der *Augustinus* sagt, sie werde durch "Zeugung" (*generatio*, Konzil von Trient: *propagatio*) vererbt. *Augustinus* aber hatte ein ambivalentes Verhältnis zur Sexualität, ja ihretwegen ein tiefes Schuldgefühl. In seiner Nachfolge haben nicht wenige Theologen, darunter bekannte Kirchenlehrer diesen Nexus zumeist nicht durchschaut, nahmen den Übertragungsweg zu wörtlich und folgerten, Sexualverkehr sei das Tor zu Erbschuld und ihren sündigen Früchten und entschieden, ihn streng zu reglementieren: er dürfe nur noch der Kinderzeugung dienen. Auch beeilte man sich, neugeborene Kinder eiligst zu taufen, damit sie nicht *verloren* gingen.

Es geht aber bei der sogenannten Erbsünde nicht um Zeugung, noch um fleischliche Lust - der korrekte dogmatische Ausdruck ist ja seit je "*peccatum originale*", d.h. *Ursprungs*sünde, Ur-Sünde.

Auch in diesem Ausdruck lebt mythische Denkweise fort. Sachlich gemeint ist keine persönliche Sünde (auch nicht eine etwa im Mutterleib begangene), sondern die negativ vor-gefärbte Tatsache, dass jeder Mensch - wir alle - in die Gottferne seiner Gesellschaft hineingeboren wird und ihm *nolens volens* aufgetragen ist, mit Begriff und Wirklichkeit "Gott" klarzukommen. Hier können gläubige Eltern, Geschwister oder andere Bezugspersonen helfen, kann ihm auch die Erfahrung von "Gemeinde" (Kirche) helfen, kann ihn ein Kirchentags- oder Taizé-Erlebnis beflügeln, auf den Weg bringen; es kann aber auch so kommen, dass Umfeld, Schule, Verein usw. direkt-indirekt soufflieren, an Gott sei "nichts dran". Signal für die fortbestehende, *Erbsünde* genannte Unheils-Situation ist, dass sich in einer Industrie- und Konsumgesellschaft wie Deutschland heutzutage nur noch etwa 50 Prozent der Bevölkerung zum christlichen Glauben bekennen, wobei im Bezirk der früheren DDR der Anteil noch schwächer ist: die Frohe Gottesbotschaft ist entweder unbekannt, wird nicht verstanden oder als Zumutung abgelehnt, weil das Hohe Lied der Liebe (1Kor 13) Selbstentäußerung (statt Selbstbestimmung) verlangt. Zugleich breitet sich Lebensmüdigkeit aus, wie schon vor 4000 Jahren in Keilschrift als Gespräch zwischen einem Herrn und seinem Sklaven bezeugt: heute nehmen sich in Europa jährlich von 100.000 Menschen etwa 14 das Leben.

## - Taufe und Berufung Jesu

Die meisten Übersetzungen überschreiben den Abschnitt *Mk 1,9-13* mit *Die Taufe Jesu*.
Jesus wird zu Beginn seines öffentlichen Auftretens von dem Täufer *Johannes* im Jordan getauft.

*Und es geschah: In jenen Tagen kam Jesus von Nazareth in Galiläa und wurde getauft in den Jordan von Johannes.*
*Und gleich aufsteigend aus dem Wasser, sah er sich spalten die Himmel und den Geist wie eine Taube herabsteigen in ihn. Und eine Stimme (geschah) aus den Himmeln: Du bist mein Sohn, der geliebte, an dir habe ich mein Wohlgefallen.*
*Und gleich der Geist, hinaus treibt er ihn in die Wüste. Und er war in der Wüste vierzig Tage, versucht vom Satan, und war mit den Tieren.*
(Übersetzung: *Schierse*)

Literarisch haben wir es hier mit einer christlichen "Haggada" zu tun, mit einer belehrend-hintergründigen Erzählung, die ein bislang bloß historisch bekanntes Ereignis bedeutungsvoll aufschließt.
Nur Mt fügt einen kurzen Dialog ein: der Täufer protestiert, nicht Jesus, er, Johannes, sollte von Jesus getauft werden; doch Jesus erwidert, sein Getauft-werden sei im Sinne der „Gerechtigkeit", d.h. der göttlichen "Rechtmachung" Israels, unter die er sich selber stellt. Dieses Zwischenstück bei Mt lässt die Irritation erkennen, welche die auf den Messias *Jesus* hoffenden frühen Christen empfanden: Jesus ging zur Buß-Taufe wie die hartgesottenen Sünder jener Zeit, die sich beim Täufer einfanden. Doch geht es Jesus um die "neue Gerechtigkeit" vor Gott, welche Basis seiner Sammlung Israels sein soll. Dafür geht er voran, setzt ein Exempel der Solidarität: Er, der Israel zur Sammlung rufen will, ist selbst ein Gereinigter, indem er sich vorbehaltlos unter Gottes Projekt mit Israel stellt. Wenn er wenig später das Volk auf den Straßen zur Umkehr zum "Gott der Väter" ruft, ist er ein Herold, der den neuen Weg selbst schon beschritten hat.
Später wird er die Jünger um *Simon Petrus* beunruhigen und seinen Leidensweg ankündigen; *Simon* reagiert, glaubt, so etwas müsse Gott verhüten. Simon hat das *Um*denken (*metánoia*) noch vor sich.

Bei Mk vollzieht Johannes wortlos die Taufe wie anscheinend auch bei den anderen, die kommen. Das Besondere, Jesus von allen anderen Unterscheidende folgt szenisch erst jetzt.

Hier sind nun die herkömmlichen Übersetzungen unkonzentriert, übersetzen gedankenlos: „Als Jesus aus dem Wasser stieg" (LÜ/EÜ). Wir haben aber eine Tauch-Taufe vor uns. Übersetzt man den griechischen Wortlaut genau, muss es heißen: *sofort im Heraufgehen aus dem Wasser sah er* [107].

Natürlich ist der Moment gemeint, wo Jesus, erst untergetaucht, wieder aus dem Wasser *hoch*kommt, ehe er wieder aus dem Wasser steigt. Wasser, Untertauchen sind Symbol für Tod (Ps 18: "Wasser des Verderbens, Schlingen des Todes") - das Kreuz kündigt sich an, das Auftauchen sinnbildlich die Auferstehung. Die Botschaft „er ist auferweckt" (Mk 16,6), kommt in Sicht, ist symbolisch vorweggenommen. Auftaucht der neue Mensch: nun, da das Alte abgetan, fortgeschwemmt ist, ist *er* ganz offen, Herz und Ohr für Gott.

Bei Jesus erreicht die Taufe sogleich ihre Wirkung. Während sich dem Bewusstsein aller anderen Täuflinge (Kinder und Erwachsene) der Himmel nur allmählich, im Lauf von Jahren und Jahrzehnten ein wenig öffnet, von Ungewissheit umwölkt, tut er sich hier unverzüglich auf.

Über *Jesus* öffnet sich der Himmel unmittelbar zum innigen *vis-à-vis* mit Gott, dem „Vater".

Zugleich macht die Taufszene offenbar, was unsichtbar Sinn und Inhalt jeder christlichen Taufe ist.

Jesus sieht und hört hier seine *Berufung.*

Nun setzt ein, was ein früher Hymnus von Jesus preist: die Solidarisierung mit den Menschen Israels. „Er erniedrigte sich und wurde gehorsam bis zum Tod" (Phil 2,8). Er solidarisiert sich mit Israels Menschen, er wird und ist einer von ihnen

Nun sagt der Text: *Jesus sah den Himmel aufreißen und das Pneuma einer Taube gleich herabkommen auf ihn* (v 10). [108] Wir haben einen theologisch gedeuteten Bericht vor uns.

Zunächst: „er sah".

Es wäre literarisch verfehlt zu fragen, ob oder warum der Täufer und die anderen Täuflinge nichts sahen und hörten. Mk verdeutlicht am historischen Faktum von Jesu Taufe durch Johannes anschaulich, dass hier die

---

107 *griech. Wortlaut*: εὐθὺς ἀναβαίνων ἐκ τοῦ ὕδατος εἶδεν (Mk 1,10)
108 *griech. Wortlaut*: εἶδεν σχιζομένους τοὺς οὐρανοὺς καὶ τὸ πνεῦμα ὡς περιστερὰν καταβαῖνον εἰς αὐτόν.

*persönliche* Berufung Jesu geschieht, die ihn vermutlich erreichte, als er im Umkreis des Täufers seine eigene Berufung suchte.

Das reine Faktum seiner Taufe durch Johannes wird also durch die folgenden Verse nach seiner *Bedeutung* hin entschlüsselt. Die Evangelisten malen ein Bild voller Symbolik aus Bildmotiven des AT, um die Bedeutung des entscheidenden Faktums einzuhegen: Jesus erfährt *seine* Berufung durch *Gott,* sie gilt nur ihm, keinem aus dem Gefolge.[109]

Nun wird der Himmel "aufgerissen" - ein einmaliger Ausdruck: Jesus sah (wörtlich übersetzt) „die Himmel zerspalten/zerrissen werden"

"Die Himmel": die Mehrzahl ist semitische Ausdrucksweise (Plural der "Mächtigkeit"). Das hier gewählte griechische Wort *schízein = zerreißen, spalten* findet sich nur bei Mk. Die anderen Evangelisten verwenden die gedämpftere Ausdrucksweise „Öffnung des Himmels", wobei "Himmel", wie überall in der Alten Welt, für den ´Ort` Gottes steht. Die endlose, lichte Weite des Himmels ist bis heute *für die Empfindung* Sinnbild für die erhabene, wohltätig-schützende Macht und Güte über dem Menschenleben - Sinnbild für Gott. Hier empfindet der unvoreingenommene Mensch gleichsam ´dichterisch`.

Doch wie kommt Mk zu dem markanten Ausdruck, dass der (die) Himmel "aufgerissen" wird (werden)?

An einer Stelle der *Jesaja*-Rolle findet sich das gleiche Bild: „Ach, zerrissest (LXX: öffnetest) du doch (die) Himmel (*šamajim*) und führest hernieder, auf dass Berge vor deinem Antlitz erbebten!" (63,19).

So endet ein Klagegebet über die erst „vor kurzem" erfolgte Vertreibung des „heiligen Volkes" von Juda nach Verwüstung des Salomo-Tempels durch die neubabylonische Großmacht (v 18; vgl. 2Kön 24,14).

Ähnliches liegt ja zur Zeit des Mk vor: das Land Juda verwüstet, der Tempel verbrannt durch den römischen Feldherrn *Titus,* das Volk ohnmächtig, teils vertrieben, führungslos.

Der *Jesaja*-Schüler, der einmal so betete, erhoffte sich von JHWH einen Zornesausbruch (der Art „Jetzt reicht`s!"), dass er in einem Wut-Sturm den Himmel aufreiße (hebr *qar ´a*), im Blitz herabfahre, sodass die Berge – die Israel (dem *Zion*) feindlichen Mächte – erzittern und ins Wanken kommen.

---

109 Kein Spektakel also, das die Leute überwältigen und Jesus öffentlich von oben legitimieren würde. Alle synoptischen Evangelien sind hier auf einer Linie. Nur das Joh-Evangelium lässt den Täufer an der Vision teilhaben, nimmt ihn *als Zeugen* in Beschlag – nur an der Vision, nicht an der Stimme und den Worten; der Täufer bezeugt aber den Gehalt der Worte: „Dieser ist der Sohn Gottes" (Joh 1,32-34). Der Evangelist belehrt noch lebende Johannes-Jünger über die *Bedeutung* Jesu.

Mit solchem Befreiungsschlag soll JHWH wieder wie seit Urzeit König sein über sein Volk.

In vergleichbarer Zeit, im 30-jährigen Glaubenskrieg, der die europäische Welt zerreißt, Zeit auch des Hexenwahns, knüpft *Friedrich Spee* hier an und dichtet 1622 das Lied „O Heiland, reiß die Himmel auf ... ihr Wolken, brecht und regnet aus den König über Jakobs Haus!"

Mit der Formulierung, die der Evangelist Mk wählt, will er andeuten, dass er die Lage der Menschen in Juda zu seiner Zeit ähnlich sieht und himmlischer Hilfe und Rettung für bedürftig hält. Was der Jesaja-Jünger ersehnte, trifft nach Überzeugung des Evangelisten jetzt, hier, an dieser Stelle ein.

Im Text entlässt der aufgerissene Himmel das *Pneuma*, (göttlichen) *Geist*. "Er (Jesus) sah *herab kommend*". Das Verb ist schwächer als das entsprechende Wort "herabfahren" bei *Jesaja* (63,19).

Wie ehedem schon ersehnt, greift hier und jetzt "der Himmel" ein.

Wie ist das Herabkommen zu verstehen? Aufschluss gibt die Beifügung „wie eine Taube"[110]. Die *Taube* bezieht sich auf *herabkommen*, nicht auf den Geist.[111]

Die Taube ist uraltes Symbol-Tier der phönizisch-kanaanäischen Liebes- und Kriegsgöttin *Astarte* und der assyrisch-babylonischen *Ištar*. Deren Kult war etwa seit *Salomo* auch in Israel anzutreffen (1Kön 11,5; Ri 10,6; 1Sam 7,4), ihre Darstellungen waren allgemein bekannt.

Von Israels Theologen wurde die *Astarte*-Macht (Liebesmacht) ebenso wie die *Baals*-Kraft (Fruchtbarkeit) auf JHWH, den Gott der "Väter", übertragen. Davon geht das Evangelium aus. So bedeutet das auf Jesus *einer Taube gleich herab kommende Pneuma* inhaltlich: die *Liebeskraft des Himmels* geht auf Jesus über, er ist ihr Adressat (um dann ihr ´Apostel` zu werden).[112]

Ein weiterer Aspekt der Taube: Tauben waren Opfertiere des armen Volkes (Lev 12,8; 14,22). Die Taube vom Himmel signalisiert die *Armen* Israels, deren Sorge Jesu Sendung im besonderen gilt.

---

110 griechischer Ausdruck: ὡς περιστερά

111 Die traditionelle christliche Kunst sieht es anders, sieht die Taube als *Gestalt* des Hl. Geistes

112 Das Symbol "Taube" lässt indirekt Gottes Art und Zuwendung erkennen: Tauben gurren, schnäbeln in der Balz, ein uraltes Bild für liebendes Zueinander... *Pneuma* ist Ausdruck für Gottes Liebesmacht!

Die *Liebe* lässt sich auf ihren Empfänger herab in sanftem Schweben wie eine Taube - alternativ etwa zum *Falken,* der herab*stößt* auf die erspähte Beute: ein Bild hoher Aggressivität. Liebe ist sanft, nicht aggressiv.

Die im sanften Tauben-Flug empfangene Gabe der Liebe verleiht Jesus von Gott her den Geist der Sanftmut, wie Mt in einem Jesus-Wort erkennen lässt: "Nehmt mein Joch auf euch und lernt von mir, denn ich bin sanftmütig *(praýs)* und demütig von Herzen" (11,29): als Sanftmütiger lädt er Mühselige und Beladene zur Ruhe bei ihm.

Indirekt spricht Jesus daher auch von sich, als er in den Seligpreisungen der Bergpredigt vor Jüngern und lauschendem Volk die Sanftmütigen *(praeîs)*[113] preist: sie, nicht Gewalttätige, werden das Land - Israel - "erben" - mehr noch (denn der Blick des Evangelisten geht im Geist der Exils-Propheten und mit der anhebenden Mission zum *Welt*horizont): "sie werden die Erde erben" Mt 5,5).

Widerspruch gegen Gewalt, gewaltsamen Aufstand ist also für Jesus, für die Evangelisten fundamental.

In **V 12** beginnt eine neue Szene: Erneut heißt es: *sofort, unverzüglich.* Das empfangene *Pneuma* treibt Jesus hinaus.[114] Wie ein Sündenbock wird Jesus hinausgetrieben, fortgescheucht ...in die Wüste.

*Geographisch* kann man an die Wüste Juda denken (falls Jesus dort im Süden getauft wurde).

*Geschichtlich:* Wüste meint (wiederum) das geschlagene, zerstörte Land nach der blutigen Vergeltung der römischen Besatzer, wohin Jesus sein Auftrag führt.

*Theologisch:* Hinaus aus dem Täufer-Kreis, fort von der Menge, der innige Kontakt mit dem *Heiligen* drängt ihn fort von den Sündern, in die Absonderung und Prüfung.

*Spirituell:* Es geht um die Klärung der in der Berufung übertragenen Aufgabe. Jesus wird sich in der Folgezeit öfter absondern für eine „Wüstenzeit".

**V 13**: *Und er war in der Wüste 40 Tage, versucht (geprüft) vom Satan, und er war mit den (wilden) Tieren.*

---

113 Die frühere EÜ hatte übersetzt "Wohl denen, die keine Gewalt anwenden" - das ist historisch für Jesus und Jünger zutreffend, doch geht es dem Evangelisten um mehr: die Gesinnung des Herzens.
114 Der griechische Ausdruck für "austreiben" (ἐκβάλλειν) wird sonst verwendet für die Austreibung von Dämonen.

Die Zahl 40 erinnert an Israels Wüstenzeit und Erprobung (Dtn 8,2). Auch Jesus wird erprobt, gesiebt (wie andere Berufene der Menschheitsgeschichte), macht durch vor dem neuen Einzug ins Verheißene Land (als neuer Mose), geht in die Versuchung (vgl. Ex 17,7). Prüfer ist, praktisch im Auftrag des Gottesgeistes (Pneuma), *Satan*.

Mt und Lk (jeweils Kap.4) gehen bei Jesu Versuchung ins Detail, durchaus mit Recht. Denn JHWH sagt zu dem Erwählten (dem „heute gezeugten [König-] Sohn") auch jetzt:

„Heische von mir, so gebe ich die Völker als Erbe dir,

als Besitz dir die Enden der Erde" (Ps 2,8)

Darin wird die ganze Breite der Prüfung sichtbar.

Aber wird Jesus, seiner Berufung gemäß, sich an den "Vater" (Israels JHWH) halten?

In der historischen Situation ist Satan Sinnbild für *Rom*, für den Imperator und seinen Stellvertreter, der an Günstlinge und Kollaborateure Königstitel und damit Völker verleiht, damit sie für ihn die besiegten Völker niederhalten und schröpfen. Mit seinen Talenten, seinem Können wäre Jesus Anwärter auf eine Würde wie die eines „rex socius" (assoziierter König, Unter-König). Mit Brotvermehrung nach Wunsch könnte er reich werden, die Massen von seiner Person und Willkür abhängig machen.

Auf den politischen Aspekt weist auch der verdeckte Hinweis bei Mk: Jesus „war mit den wilden Tieren". Im Buch *Daniel* wie in der Johannes-*Apokalypse* steht eben dieses Wort für unmenschliche, anti-göttliche Großmächte, mit denen – als Versuchung, ihr Diener zu werden – Jesus hier konfrontiert wird. Dass Jesus im dreifachen Kampf mit Satan ($\approx$ Rom) siegt, ist bei Mt / Lk „Evangelium Teil I" !

*Und die Engel dienten ihm*: Mk denkt an jene Leser und Hörer, die fragen: Wie stand Jesus denn die Zeit in der Wüste durch? Zeitangabe und Wüste als Bild stehen für einen längeren Selbstprüfungs- und Ausleseprozess (vermutlich so lang wie seine restliche Lebenszeit): wird Jesus, der Berufene, vor den Verlockungen dieser raffinierten und brutalen Welt stark genug sein? Doch Mk signalisiert: keine Sorge, die ganzen Zeit über waren ihm *gute Geister* („Engel") zu Diensten, stärkte ihn Gott durch Helfer und dienstbare Geister (Frauen: Ps 91,11-14; Lk 10,40 [Martha]; Mk 15,41).

## - Die Geburt aus der Jungfrau

Hier liegt zur Ergänzung ein weiteres Thema nahe: die Frage der sogenannten "Jungfrauengeburt" Jesu. Das Mk-Evangelium, das wir eben vorrangig bedachten, kennt die Geburt Jesu aus der Jungfrau Maria nicht; wohl aber machen sie die auf ihm aufbauenden Evangelien nach Matthäus und Lukas zum Thema. Wie Lukas erkennen lässt, galt Jesus ansonsten überall als "Sohn Josefs" (3,23). Entsprechendes bezeugt das Joh-Evangelium (1,15; 6,42). Auch *Paulus* weiß von einer Jungfrauengeburt Jesu anscheinend nichts (Gal 4,4).

Die Belege über die Jungfrau und Mutter Jesu sind also nicht frühestes Zeugnis. Für den Historiker ist diese schwache Bezeugung der Jungfrauengeburt Grund, an der Historizität einer solchen Geburt zu zweifeln.

Dennoch bekennt das Glaubensbekenntnis Jesus "geboren aus der Jungfrau Maria". Lässt sich diese Diskrepanz erklären? Naheliegend ist es, zu vermuten, dass die Jungfrauengeburt im Glaubensbekenntnis etwas Tieferes meint als ein historisches Zeugnis.

Darauf weist ein Vergleich der synoptischen Evangelien in der Tat hin. Alle drei sehen die Notwendigkeit, den Rang Jesu in Beziehung auf den Täufer hervorzuheben. Als wohl historisch bezeugen alle drei Evangelien den Umstand, dass Jesus den Täufer kannte, der in der Wüste zur Umkehr zu Gott rief und die Umkehr der Leute mit deren Taufe im Jordan-Fluss besiegelte. Als Jesus aber vom Tod erweckt und "erschienen" war, wirkte seine frühe Jordan-Taufe als sperriges, erklärungsbedürftiges Faktum: Wie konnte Jesus, der von Gott selbst Beglaubigte, vor Johannes als Sünder erscheinen und die Umkehr-Taufe empfangen?

Mk antwortet auf die Schwierigkeit zweifach: er lässt den Täufer dem Publikum eigens ansagen, nach ihm selbst komme ein "Stärkerer", unendlich Würdigerer, der mit heiligem Geist taufen werde (Mk 1,7f). Und er lässt den, der mehr Würde hat, als Abschluss der Tauch-Taufe vom Himmel her Gottes Geist empfangen (1,10). Heiliger Geist ist, von Gott her kommend, die Vollmacht - die Gottesmacht - dessen, den Er beruft. Hier nimmt der Heilige Geist Wohnung erst im erwachsenen Jesus vom Augenblick seiner Berufung an.

Mt und Lk finden nun, dass man diesen Moment, wo Gott durch Heiligen Geist in seinem Erwählten Wohnung nimmt, weiter nach vorn, ja ganz an den Anfang verlegen kann.

Das Motiv dafür ist wohl zweifach: sie sehen, dass Jesus von weiter her kommt, ja dass er ein aus der tiefsten Tiefe Gottes selbst Berufener ist; so gesehen, ist der Täufer zwar auch ein Erwählter, aber nicht einer, der in der Tiefe Gottes selbst verwurzelt wäre. Der bei Mk erst anlässlich der Jordan-Taufe verliehene Geist ist bei Mt/Lk nicht nur eine zur Sendung ermächtigende Kraft aus Gott, sondern wird zum Schöpfer des irdischen Jesus von der Empfängnis an. Indem Mt und Lk den Geist-Empfang Jesu bei der Jordan-Taufe, wie Mk überliefert, stehen lassen (Mt 3,16f; Lk 3,22), teilen sie die himmlische Geistesgabe an Jesus sozusagen in zwei Teile auf: die erste Geistesgabe empfängt er nicht bewusst, sondern seine Mutter empfängt sie und empfängt darin ihn, die zweite folgt bei der Taufe und ermächtigt ihn zu seiner Sendung: der Geist-Empfängnis ohne männlichen Samen entspricht später, nach der Taufe, die Wüstenzeit, wo Jesus alle Einflüsterungen und Verlockungen abweist und so bezeugt, dass er in Wort und Tat gänzlich im Geist Gottes ruht. Auf diese Weise führen die Evangelisten den unvergleichlichen Rang Jesu vor Augen. Wichtig für die Gedankenführung dieser Autoren war offenkundig Jesu Beziehung zu und gleichzeitig Absetzung von Johannes dem Täufer. Hier geht Lukas am ausführlichsten vor, indem er Empfängnis und Geburt des Täufers vorschaltet. Dessen Eltern sind schon alt, die Mutter Elisabeth wird ausdrücklich als altersbedingt unfruchtbar bezeichnet. Und doch empfängt sie im hohen Alter noch den Sohn Johannes (der hebräische Name *Jochanan* bedeutet etwa "Gott ist gnädig"). Durch diese Art Geburt stellt das frühe Christentum Johannes dem Isaak, einem der Ur-Väter Israels, gleich.

Man könnte auch sagen: durch diese Ableitung sieht die lukanische Christenheit in Johannes dem Täufer den zusammenfassenden, zugleich abschließenden Repräsentanten der Glaubenskraft Israels, auf die nun ein unerwartbarer, von Gott selbst gestifteter Neu-Ansatz mit und durch Jesus folgt.

Dieser Vorrang lässt sich vor dem Rang des Täufers nur noch veranschaulichen durch eine neuerliche Geburt und Frucht aus der Unfruchtbarkeit, nun aber aus der Unfruchtbarkeit einer *jungen*, gebärfähigen Frau, die zwar dem Josef versprochen, aber noch nicht verheiratet ist und deshalb "noch keinen Mann erkennt".(Lk 1,34; Mt 1,18ff).

Das Glaubensbekenntnis über Jesus "geboren aus Maria, der Jungfrau" zeigt sich so als theologisches Stilmittel, um Jesu vollständiges, von Anfang geschenktes Erfüllt-sein vom Gottesgeist anschaulich zu machen.

Die Frage nach der Historizität der Jungfrauengeburt erscheint, so gesehen, wenig sachdienlich.[115] Wir haben eine tastende Veranschaulichung jenes Geheimnisses um Jesus vor uns, das "vor aller Zeit in Gott, dem Schöpfer des Alls, verborgen war" (Eph 3,9). Die Frage, ob die Jungfrauengeburt historisch ist, klingt dann etwa so ´sinnvoll` wie die Frage, ob die Aussage des Großen Glaubensbekenntnisses über Jesus "aus dem Vater geboren vor aller Zeit" einen biologischen Akt und Sinn meine.

Wir stehen bei diesen tiefsinnigen Erkenntnissen und Einsichten in Bezug auf Jesus Christus an der Grenze des Sagbaren ("Ur-Worte" !) und müssen uns damit begnügen, das von Gott her auf uns zukommende Mysterium der rettenden Liebe in mythisch-symbolischer Form und Bildkraft zu benennen, die wir in der vorhergehenden thematischen Untersuchung zu begründen und zu verstehen suchten.

Die bei den Synoptikern um den Täufer und Jesus kreisenden Erzählungen gehören zur Gattung der "Haggada", jener Art narrativer Verkündigung, wie sie die jüdisch-rabbinische Unterweisung der Gläubigen in jener Zeit ausgebildet hatte. Man hatte zweifellos Kenntnis von dem damals umlaufenden Topos von Götter-Söhnen und Gottessohn, ging damit jedoch auf ganz eigene, unvergleichlich diskrete Weise um. Der Gottessohn der Evangelien steht auch literarisch einzigartig da.

Die wesentliche Botschaft der "Geburt aus der Jungfrau" liegt in Ausdruck und Begriff "Sohn Gottes". Dieser Titel soll, biblisch gedacht, anschaulich machen: dieser Jesus, der am Ende seines irdischen Weges wie ein Aufrührer gekreuzigt, aber ab dem "dritten Tag" als lebend, in "pneumatischer" (biologisch nicht fassbarer) Weise lebend[116] erfahren wurde und wird (!), dieser Jesus nahm und nimmt seinen Ausgang vom "Vater", von Gott selbst.

---

115 Hier unterscheiden wir uns von quasi physischen Auffassungen, die meinen, die Vision, welche Maria vom "Engel Gottes" erhielt, sei so mächtig gewesen, "dass sie [Maria] daraufhin schwanger" wurde (*Berger*, 55). Derartige Ansichten erscheinen übergriffig, wie auch jene, die die Jungfrauengeburt damit erklären will, sie sei in Jesu "Familientradition" geheimgehalten und erst "nach dem Tod Marias" publiziert und in die Evangelien Mt u. Lk aufgenommen worden: *J. Ratzinger/Benedikt XVI.*, Jesus III, 61f

116 Näheres dazu bei *Fischer*, Tod, 42-52; 88-98 (dort weitere Lit.)

## - Jesu Wandel über das Meer

Erwägen wir die Erzählung (Mk 6,45-52; Mt 14,22-33; Joh 6,16-21), die nur Lk auslässt, hier vor allem die Mt-Fassung: Auch hier lesen wir eine "Haggada": eine belehrend-hintergründige Erzählung:

*Und sogleich drängte er die Jünger, einzusteigen in das Boot und ihm vorauszufahren an das jenseitige Ufer, währendem er die Volks-Scharen fortschicken würde. Und nachdem er fortgeschickt hatte die Volks-Scharen, stieg er hinauf auf den Berg, für sich allein, um zu beten. Als aber Abend geworden war, war er dort allein. Das Boot aber war schon viele Stadien vom Land entfernt, gequält von den Wellen, denn es war Wind ihnen entgegen. In der vierten Nachtwache kam er zu ihnen, wandelnd über das Meer hin. Die Jünger aber, wie sie ihn sahen über dem Meer wandelnd, waren ganz verwirrt und sagten, dass es ein Gespenst sei, und vor Furcht schrien sie. Gleich aber redete Jesus (zu) ihnen, indem er sagte: Habt Mut! Ich bin es! Fürchtet euch nicht! Antwortete ihm aber Petrus und sprach: Herr, wenn du es bist, befiehl mir, zu kommen zu dir über die Wasser hin. Er aber sprach: Komm! Und vom Boot hinabsteigend, wandelte Petrus über die Wasser hin und kam zu Jesus. Wie er aber den Wind sah, fürchtete er sich, und da er zu versinken begann, schrie er (und sagte): Herr, rette mich! Sogleich aber streckte Jesus die Hand aus, fasste ihn und sagt (zu) ihm: Kleingläubiger, wozu hast du gezweifelt? Und nachdem sie ins Boot (hinauf)gestiegen waren, legte sich der Wind. Die aber im Boot warfen sich nieder vor ihm und sagten: Wahrhaftig, Gottes Sohn bist du!* (Übersetzung Schierse)

Die einschlägigen Kommentare[117] sind nützlich, bieten aber (zu) wenig systematische Auslegung.

Gehen über Wasser und Meer liegt nach alt-orientalischer und früh-griechischer Überlieferung in der Macht von Göttern (etwa *Schamasch*, Sonnen-Gott). An einer Stelle im Buch *Hiob*, klarer in der griechischen als in der hebräischen Fassung, klingt der Gang über das Meer wie eine Wesens-Eigenschaft Gottes (אל, gr. Κύριος):

*der allein den Himmel ausspannt und umhergeht auf dem Meer wie auf (Fuß-)Boden* [ἐφ` ἐδάφους LXX] (Hiob 9,8)

---

117 *Grundmann* (1971); *Schweizer* (1976); *Sand* (1986); *Luz* (1990); *Berger/Colpe* (1987)

Als Gegenbild in Schwäche und lebenslangem Bedroht-sein erscheint der Mensch als derjenige, der im Morast einsinkt, im Wasser untergeht (z.B. Ps 18,5b; 69,15).

Christliche und buddhistische Legenden sehen den bei Gott oder im Glauben an Gott (bzw. Buddha) geborgenen Menschen gelegentlich als einen, der über Wasser zu gehen vermag. In der Darstellung des Matthäus ruft Jesus, auf dem Meer schreitend, Petrus zu, er möge zu ihm über "die Wasser" kommen (Mt 14,28ff.).

Zur Ausleuchtung des Hintergrunds der Erzählung ist ihr Kontext im 14. Kapitel bei Mt zu bedenken: Zu Beginn wird erwähnt, die Kunde von Jesu Macht-Taten (vgl. Mt 12) sei zu *Herodes* gedrungen. Dieser argwöhne, Jesus sei der von ihm hingerichtete, aber vom Tod erstandene Täufer und ziehe daraus besondere Kraft. Dann wird der gewaltsame Tod des Täufers erzählt; anschließend begibt sich Jesus an einen einsamen Ort (vv 1-13).

Nun ist das Thema *Tod* schon heftig angeschlagen. Jesu weiteres Verhalten erscheint als Reaktion auf das Todes-Schicksal des Täufers.

Zunächst ziehen die Menschen ihm nach, er erbarmt sich ihrer, heilt Kranke (v 14).

Darüber ist der Tag  vergangen, der Abend bricht an. Die Jünger weisen Jesus auf die Einöde und die Essenszeit hin. Die Nennung des Abends stimmt ein auf die Nacht, in der Seelentiefe gar auf die *Finsternis* und ihre Macht, lässt *so* erneut das Todes-Problem anklingen. Nun folgt die Speisung der Fünftausend mit fünf Broten und zwei Fischen als Vorrat. So vollständig ist die Speisung, „dass alle gesättigt wurden" (ἐχορτάσθησαν – v 20). Das Verb ist (griechisch wie deutsch) dasselbe wie das in den Selig-preisungen verwandte:

*Selig, die hungern und dürsten nach Gerechtigkeit,*
*sie werden gesättigt werden*  (Mt 5,6)

Die überfließende - zwölf Körbe voll Brot-Fladen - Sättigung der Fünf-tausend steht, als Sinnbild vollen *Lebens*, in Gegensatz zum Thema *Tod*.

Dieser Gegensatz wird im Folgenden überbrückt. Der Hunger nach *Gerechtigkeit* ist ja durch die eben vermittelte Speisung nicht gestillt. „Gerechtigkeit" meint die von Gott gestiftete Gemeinschafts-Treue und Solidarität. Sie erfordert - was die Jünger (griechisch „Lehrlinge" - die Christen) noch nicht wissen, aber lernen sollen - den Einsatz des Lebens, mit dem ihnen Jesus vorangeht.

Für diese ´Lehrstunde` „nötigt" Jesus sie nun ins Boot (v 22). Sie wird unheimlich, denn sie reißt den Abgrund auf, das ungelöste Todes-Problem. Dass Jesus die Jünger ins Boot *nötigt*, will sagen: es steht eine lebensnotwendige Lektion bevor: die Fahrt über das *Meer*.

*Die häufige Annahme, dieses Evangelium biete ein ´Naturwunder`, wird befördert durch unsachgemäße Übersetzung. Die alte Luther-Übersetzung (LÜ) wie auch alte und neue Einheitsübersetzung (EÜ) überschreiben die Erzählung mit erdachten Titeln wie "Der Gang Jesu auf dem Wasser" bzw. "Die Offenbarung des Gottessohnes auf dem Wasser". Von "Wasser" in Einzahl ist im Text keine Rede, ebenso wenig in den Parallel-Erzählungen. Das griechische Original verwendet fast durchgehend das Wort "Meer" (θάλασσα, hebr. םָי - Jam ha-Kinneret; auch die Vulgata übersetzt "mare", Meer). Erst die neue LÜ übersetzt korrekt "Meer".*

*Die Übersetzer (auch Wilckens, Stier) wollen ´realistisch` sein und verfallen dem Trugschluss, das Evangelium auf die physische Ebene verlagern zu sollen. Dabei meinen die Evangelisten weder Wasser noch See, sondern das Meer als Symbol der Chaos- und Todesmacht! Nur Mt ändert in dem kurzen Petrus-Einschub ein wenig und formuliert "die Wasser" (Plural: τὰ ὕδατα), ein kleineres Symbol als "Meer", quasi ein ´Auszug` aus dem Meer, ein Bild für Angst erregende Widermächte (s. Psalmen).*

Die Jünger werden (dem sumerischen Helden *Gilgamesch* ähnlich) genötigt, über *die Wasser* des Todes zu fahren zum Flut-Helden und Wissenden des Lebens. Wörtlich heißt Jesus die Jünger fahren „*eis tò péran*". Das griechische Wort „péras" (πέρας) meint, und zwar mit Vorstellung zu überquerenden Wassers, so viel wie *Ende, Grenze, Ziel; Vollendung*. Der Begriff der jenseitigen Küste enthält mithin einen tieferen Sinn. Dieser bedingt auch die – vorläufige – Trennung der Jünger von Jesus. Denn Jesus übernimmt nun die Rolle *des Einen* (μόνος), des „Königs" und Hohepriesters, der für das Volk vor Gott hintritt (Mt 14,23; Mk 6,46; Joh 6,15; Hebr 5,7f.;7,25.27b), indem er auf „den Berg" (τὸ ὄρος) geht.[118]

---

118 Luther- und Einheits-Übersetzung sagen fälschlich, Jesus gehe auf „einen Berg", ignorieren den bestimmten Artikel, da sie den namenlosen Berg nicht lokalisieren können. Es ist weniger ein geographisch lokalisierbarer Berg gemeint als vielmehr der *Zion der Heils-Zeit*: dazu: *Fischer, „Der Berg" in den Evangelien – Zeichen für die Völker*, sowie: *Das Rätsel des „(sehr) hohen Berges" in den Evangelien*, beide in *ders.*, Glaube sucht Verstehen, 11-30 u. 31-43.

Die nochmalige Erwähnung des einsetzenden Abends (Mk 6,35 + 47; Mt 14,15 + 23), erzählerisch überflüssig, verweist erneut auf den hintergründigen Sinn: die nachfolgende Begegnung mit der *Chaos*-Macht. Einer ihrer Aspekte ist „Finsternis" (Joh 6,17), die in der „Nacht" (Mk 6,48; Mt 14,25) fühlbar wird und "unter die Haut" geht. Bei den Propheten ist sie auch Gestalt des Schreckens, den die Epiphanie des Herrn an seinem „Tag" vor sich breitet (z.B. Jo 3,4; 4,15; Am 5,20).

"Meer", "Wasser" (Plural) meinen in der Bibel hinter dem natürlichen Element Fremdmächte, übermächtige Gewalten, die gefangennehmen, Leben bedrohen, Menschen unterjochen (Ps 18,5f.17f; 144,7f; Jes 17,12ff; 57,20). Der Prophet *Jesaja* ruft Hilfe suchend Gott an und appelliert an seinen in der Geschichte erwiesenen Sieg über den Israel bedrohenden Meer-Drachen (Jes 51,9ff.15). Das ist der symbolische, quasi mythische Hintergrund dieses Evangeliums.

Das Boot mit den Jüngern befindet sich "mehrere hundert Meter (Stadien: Mt)", ja „mitten auf dem Meer", wie Mk in bewusster Symbolik formuliert (6,47). Während der Johannes-Evangelist sagt, das *Meer* sei durch heftigen Wind „aufgeweckt" worden (v 18), erklären Mk/Mt, die *Jünger* bzw. Ihr *Boot* würden „gepeinigt/gequält" von widrigem Wind (6,48 /14,24). Das von Mk/Mt für „quälen" benützte griechische Wort (*basanízein*) hat die Grundbedeutung *prüfen, erproben,* die hier konnotiert ist. Auch tritt das Verb auf bei Qualen derer, die Gott als Schutzraum verloren haben. Verlorenheit, Ausgeliefertsein an Wider-Mächte wie Angst, Finsternis,Tod ist die Situation der Jünger im Boot und markiert zugleich die existenzielle Situation der Menschen überhaupt - also auch der Christen. Soviel sie rudern, sie kommen dagegen nicht an. Die Wogen schaukeln das Boot nicht bloß, sie werfen es hin und her. Hintergrund ist ein Motiv aus dem 107. Psalm über die Meer-Fahrer:

*Er (JHWH) bot einen Sturmwind auf,*
*der trieb hoch seine Wogen.*
*Sie stiegen zum Himmel, sanken in den Abgrund zurück,*
*ihre Seele zerging vor Unheil.*
*Wie trunken drehten sie sich und wankten,*
*all ihre Weisheit war dahin* (vv 25-27 – Ü nach *Deissler*)

In diese Nacht der Hilf- und Hoffnungslosigkeit bricht nun – zuerst Furcht erregend – der Oster-Morgen ein. Darauf zielt die Szene ab. Das frühmorgendliche *Kommen* ist keine neutrale, sondern eine bedeutungsschwere Vokabel, meint die Ankunft, das Kommen des "Herrn" und Messias.

Um dies eigens hervorzuheben, setzt Mk Jesu Kommen ins Präsens und fügt an, dass er an den Jüngern „vorübergehen wollte" (6,48) – eine sich an 1Kön 19,11ff. orientierende *Theophanie*-Aussage (vgl. Ex 33,19.22; 34,6). Das Imperfekt „wollte" meint eine andauernde Handlung. Mk und Joh kennzeichnen Jesu Kommen (und Vorüber-gehen-Wollen) so, dass es geschehe, indem er „auf *dem* Meer einhergeht" (Mk 6,48; Joh 6,19). Auch die Parallele Mt 14,26 sagt, die Jünger schauten ihn (Jesus) „auf dem Meer einhergehend".

Luther- und Einheits-Bibel übersetzen auch Mt 14,*25* ähnlich: "er ging auf dem See" (bzw. Meer).

Hier muss aber, dem griechischen Wortlaut (ἐπὶ τὴν θάλασσαν) folgend,[119] anders übersetzt werden. Das wird klar, wenn man sich nochmals den Sinn von „Meer" und „Wogen" vergegenwärtigt. Der schwache Mensch erlebt sie als „Stricke des Todes" und „Sturzbäche von Verderben" (Ps 18,5).[120] Mt denkt mit der *Akkusativ*-Wendung von 14,*25* offenbar an eine Szene, wie sie sich ähnlich bei *Paulus* findet.

*Paulus* erklärt die Vollendung für gekommen, sobald Christus „jede Macht, Gewalt und Kraft", zuletzt den Tod, ruhig gestellt oder, im Bild, vom Vater „unter die Füße gelegt" bekommen hat (1Kor 15, 24-28). Die Wende zu alldem ist das Oster-Ereignis. Darum wendet Mt den Akkusativ „auf *das* Meer" (v 25) an, wenn er den Vorgang von *Jesus* her beleuchtet: Jesus kommt zu den bedrängten Jüngern, *indem* er die Todes-Wasser *be*tritt, sie *be*geht, sie also in Herrscher-Haltung unter die Füße nimmt.

Den Vorgang aus Sicht der Gläubigen (v 26) bringt Mt aber so zum Ausdruck, dass er die Jünger die vollendete Hoheit Jesu schauen lässt:: „schreitend auf Kuppen des Meeres" (Hiob über JHWH: Hi 8,9). Nicht zu vergessen das vorangehende „er wollte vorübergehen". Eine Reminiszenz an Mose, den Gott auf dessen Begehr seine „Herrlichkeit" schauen lässt, nämlich von hinten. Daran erinnert Mk: Nacht, Meer, hochgehende Wogen, widriger Wind, Schreckgespenst, Albtraum sind Lebensrealität der Jünger *und* - für glaubendes Schauen - Rückseite Gottes (der Schrecken der Epiphanie Gottes) und erscheinen zunächst auch gleichsam als Rücken Jesu

---

119 Ἐπί mit Genetiv bedeutet ein lokales „auf", während das gleiche Partikel-Wort mit *Akkusativ* transitives Handeln anzeigt, hier: auf *das* Meer tretend umhergehen
120 Das hebräische Wort für „Verderben" (בלייעל) verstärkt das Unheimlich-Chaotische

und des in ihm mächtigen Gottes. Doch ist der Vorübergang nicht voll-endet: Zu ihm gehört das Sprechen, die Selbstoffenbarung Gottes in diesem über den Tod mächtigen Jesus: "Habt Mut! Ich bin da! Fürchtet euch nicht!" (Mk 6,50) Das Erschrecken der Jünger kommt daher, dass sie von Jesu Sieg über den Tod noch nichts wissen oder verstehen (Jünger sind ja Lernende: der Heiler der Kranken ist der Tod-Überwinder!). Die Schau ist gespenstisch, sie wähnen, einem Albtraum zu erliegen (Albtraum gehört zum Wortfeld des griechischen *fántasma* Mt 14,26Par), dem mächtig-grausamen Schicksal, das sie ebenso bedroht wie verhöhnt. Entweder fürchten sie, der über den Tod mächtige Jesus sei ein Wahngebilde, ihre Hoffnung also vergeblich. Oder sie halten Jesus für tot und fürchten sich vor dem Toten-Geist, der Toten-Welt entstiegen. [*Fántasma* ist Ausdruck auch *für* Wahngebilde].

Was sie schauen, erscheint ihnen als Fanal für den eigenen Untergang. Angst und Dunkelheit gehören zur Normalität der Welt.

Es ergeht ihnen, Jesu Lehrlingen, wie weiland den Ägyptern im Schilf-Meer: "Schrecken, Furcht überfiel sie, sie erstarrten zu Stein vor der Macht deines Arms" (Ex 15,16 - Mose-Lied). Die Anrede *aus* Dunkel und Wind aber – „Mut! *Ich bin da.* Fürchtet euch nicht!", vertraut aus den Gottes-Erfahrungen der Bibel – ist hier Einleitung der *Frohen* Botschaft „Er wurde auferweckt von den Toten" (Mt 28,7 Par). Die Überwindung der Furcht, ja des Entsetzens der Jünger ereignet sich erst durch die Selbstoffenbarung Gottes in Jesus: dank ihr erkennen sie die gottgleiche Hoheit Jesu Christi.

Übrigens entspricht es dem "Vorübergehen wollen" bei *Markus*, dass die Jünger bei *Johannes* Jesus "ins Boot nehmen wollten", im nächsten Augenblick sei das Boot jedoch an Land gewesen (Joh 6,21). Mit dem abrupten Schluss will Joh davor warnen, die glückliche Erfahrung mit Jesus in die körperliche Welt zu übersetzen: die Erfahrung der Rettungsmacht Christi spielt in einer anderen ´Dimension`.

Nun erhellt sich die einführende Bemerkung: Jesus ging auf „den Berg" (Mk 5,46 Par), indes die Jünger *unten* am, im „Meer" sind – Bereich von Vergänglichkeit und Tod. Zumal bei Mt steht „der Berg" für die Heils-Zeit, ist der dem auferweckten Jesus zukommende „Ort" (*maqom* - 28,16). Die Bilder entsprechen sich: indem Jesus *auf* „dem Berg" weilt, ist er zugleich auch „*auf* dem Meer" (Mk, Mt, Joh). Zu den Jüngern kommt die Botschaft: Untergang, Tod sind keine entsetzliche *Über*macht mehr, nicht das letzte Wort, sondern *er* hat es, den sie als den trotz Kreuz Lebendigen hören und *a tergo* schauen.

Diese Sieges-Botschaft will jedoch im Experiment des eigenen Lebens verifiziert werden. *Matthäus* veranschaulicht es, indem er die Szene mit *Petrus* anhängt.

Beachten wir erneut: *Petrus* fordert Jesus *nicht* auf, ihn „auf *dem* Wasser" zu sich kommen zu lassen (so die üblichen Übersetzungen), sondern wörtlich „Heiße mich zu dir (zu) kommen auf *die Wasser!*" (v 28, griech. *epí* mit Akkusativ!). Vorangestellt ist die Anrede *Jesu* als „Herr" (*Kyrios*, Umschreibung für JHWH) und die Bedingung „wenn du *da bist* [121] – wenn du der bist, *der da ist*, bzw.: wenn *Der, der da ist, in dir da ist* – dann heiße mich ...!" Mit anderen Worten: *Lass mich teilhaben an deinem JHWH-Sieg über den Tod* (über „die Wasser"), auf dass ich ihn *auf dein Wort hin* (vgl. Joh 6,63.68) mit Füßen trete! Das ist die Bitte jedes Gläubigen in Menschen-Not, gebündelt im Tauf-Wunsch des Erwachsenen. Und Jesus erwidert nicht „Komm her!" (Luther-Übersetzung), vielmehr ist die Aufforderung „Komm!" Einladung zur Nachfolge, genauer dazu, das eigene Leben auch beim Wandern-Müssen über Todes-Wasser oder durch die Todes-Schatten-Schlucht dem österlichen Jesus anzuvertrauen.

Was geschieht weiter in der Szene? Es heißt, Petrus habe das Schiff verlassen und sei (einher-) gegangen (gr. *peripatein*) „auf *die* Wasser" (Mt 14,29 – wieder *epí* (ἐπί) mit Akkusativ).

Wir verstehen die Bedeutung.

Der Vers schließt mit „und er kam zu Jesus". Obwohl der griechische Wortlaut klar ist, behaupten die meisten Übersetzer, gemeint sei nicht, dass Petrus *zu* Jesus kam so, dass er bei Jesus *an*kam; vielmehr übersetzen sie: „kam auf Jesus zu" (*Luther*) oder „ging ... auf Jesus zu" (alte Einheits-Ü., auch *Stier*).[122] Der Vers bringt aber lediglich die Bitte des Petrus von v 28 mit den gleichen Worten in erzählerischer Form. Die Übersetzer geben aber die Bitte von v 28 *nicht* wieder mit: Heiße mich auf dich *zu* zu gehen/zu kommen!, sondern sagen richtig: Heiße mich zu dir (zu) kommen!

Der Grund, weshalb man seit der Vulgata fehlerhaft übersetzt, dürfte die Vorstellung sein, Petrus sei kaum ein, zwei Schritte gegangen und dann schon gesunken. Doch würde damit eine quasi physikalische Vorstellung

---

121 Die übliche Wiedergabe mit "wenn du es bist" verlagert die Gleichnis-Erzählung wieder in die Natur und unterstellt die Verwechslung Jesu mit einem Gespenst. Petrus ruft Jesus nur auf der Bildebene an, inhaltlich wendet er, sich bekehrend, dem "Herrn" (*Kyrios*) zu, den er unmittelbar anspricht ("kyrie").

122 Die meisten Übersetzer verstehen wie die Vulgata: *ambulabat super aquam ut veniret ad Iesum – er wandelte über das Wasser, um zu Jesus zu kommen.* Richtig unter bekannteren deutschen Übertragungen das *Wilckens*-NT und die *neue* Einheits-Übersetzung.

mit dem Text verbunden (s.o. Anm.7). Vielmehr ist Petrus schon *bei* Jesus, der Jünger ist m.a.W. schon Christ, als ihm (v 30!) angst-und-bange wird.

*So* ist die reale Situation des Christen: *als* Glaubender realisiert er seine Schwäche, sein Bedroht-Sein. Die Lage schon der frühen Gemeinde lässt sie vor Anfeindung, Verleumdung, Verfolgung, Ausschluss bangen. Die Wogen der Angst gehen hoch, die Stärke, die Macht der Gegner („Gegen-Wind") und Feinde wird empfunden – Glaube und Glaubender fangen an zu sinken.

Das Problem der Übersetzer ist wohl, neben einer physikalischen Vorstellung der Szene, ein Vorurteil: Mt könne nicht die *Realität* früher Christen ins Bild gesetzt haben, habe doch wohl *normativ* formuliert – zu einer normativen Darstellung passe nicht die Schwäche des Menschen, der schon glaubt, nur die Angst dessen, der zwar auf dem Weg ist, aber *noch nicht* glaubt. Denkt man so, verstellt man sich aber ein Stück *Evangelium!* Mt will mit der Petrus-Szene die Gemeinde ermuntern, sich in Angst und Not an Jesus zu wenden (wie der Psalmist an JHWH): *Herr, rette mich!*

Petrus taugt für eine ermunternde Demonstration dieser Art, da Mt (wie die Kollegen) sich nicht scheut, die Anfälligkeit des Petrus für von Angst gesteuertes Verhalten zu zeigen (16,22f; 26,69-75).

Mit dem 18. Psalm (griechische Fassung!) nachgebildeter Geste greift Jesus aus der Höhe herab und „nimmt" als Herr seinen Knecht in Dienst und Schutz:

*Er entriss mich meinen mächtigen Feinden,*
*meinen Hassern, die stärker als ich* (v 17f.; vgl. Ps 69,2-4.15)

Das rettende Wesen JHWH`s *ist da* in Jesus, und der Gläubige soll in diesem Vertrauen Jesus anrufen. Bei ihm zählt nicht der Zweifel, sondern das Wenige, das an Glaube/Vertrauen vorhanden ist (gr. *oligópistos*). Indem Jesus aber mit dem Geretteten ins Boot steigt, also *mit ihm ist*, legt sich der Gegenwind. (Todes-) Angst weicht sabbatlich-österlicher Ruhe; Ruhe und Sicherheit breiten sich aus über alle im Boot. Nun ist die - von Tod und Mächten, von der Glaubens-Schule - erzwungene Trennung der Jünger von Jesus aufgehoben; jetzt gilt, ihm zu vertrauen:

*Ich bin da mit euch alle Tage bis zur Vollendung der Weltzeit* (Mt 28,20).

Diese Prüfung der Glaubensschüler - erst Untergangs-Angst, dann Erlösung durch den in Jesus anwesenden JHWH - erleben auch heutige Gläubige einmal, mehrmals im Leben.

Hier zeigt sich ein Kern-Gehalt von Evangelium: Gott bewahrt nicht vor Unheil und Tod, doch ist er anrufbar und rettend da *in* der Situation der Not, und mit ihm kommt einer nicht angstfrei, aber im Letzten ruhig, sicher und geborgen durch die Abgründe der Finsternis: *Mut ! Ich bin da! Fürchtet euch nicht!*

*Matthäus* fügt an, angesichts der Rettung seien "die im Boot" niedergekniet mit dem Bekenntnis "Du bist wahrhaftig Gottes Sohn!" (Mt 14,33).

Hier spielt offensichtlich eine andere Situation herein: die Verkündigung vor einer Gemeinde. Das Knien ist ins Boot verlegt, ihr wahrer Ort ist aber die Gemeinde oder die konkrete Situation, wo Menschen erschüttert ihre Rettung verstehen.

Zum grundsätzlichen Verständnis von Jesu Wundertaten gehört, dass sie den Wander-Missionaren Christi im antiken Mittelmeer-Raum offenbar voraus ´gingen` und die einsetzende Verkündigung vorbereiteten.

Zur Verkündigung gehörte auch, dass man Wunder-Erfahrungen, die die Macht des *auferweckten* Christus dartun, in den Rahmen des irdischen Jesus zurück-verlegte, wozu die Verkünder sich berechtigt sahen, stellte ihr Evangelium ja durchweg den österlichen Christus ins Licht, der (im Nachhinein) durch jede Rede und Handlung des von Galiläa nach Juda wandernden Jesus leuchtete.

Adressaten waren und sind überwiegend die einfachen, oft auch politisch einflusslosen Leute. Wunder-Erzählungen führen nicht selten Widerspruch gegen alle bisherige Erfahrung mit. Sie widersprechen üblicher Erfahrung, um hervorzuheben, dass Gottes in Jesus geschehene Intervention jede "Unmöglichkeit" menschlicher Not im Auge hat, besiegen kann und will. Die Botschaft von Wundererzählungen wie der des Wandels Jesu über das Meer will daher, über das Besondere des geographischen oder historischen Kontextes hinaus, jede Art Menschen ansprechen und zum Glauben rufen, damit die Sieg-Botschaft dieses Jesus Christus jeden Menschen in jeder Welt-Situation erreicht und seine Untergangs-Not überwinden hilft.[123]

---

123 So z.B. *Theißen*, Urchristliche Wundergeschichten, 257-261; 287-297; *Knauer,* Der Glaube, 356f

## - "Himmelfahrt Christi"

*Hinaus führte er sie aber bis nach Bethanien, und emporhebend seine Hände, segnete er sie. Und es geschah, während er sie segnete, entfernte er sich von ihnen (und hinaufgetragen wurde er in den Himmel). Und sie (niederwarfen sie sich anbetend) kehrten zurück nach Jerusalem mit gewaltiger Freude und waren allezeit im Tempel, priesen Gott.*

Lk 24, 50-53   (Übers. *Schierse*)

*Und als er dies gesprochen hatte, wurde er vor ihren Blicken emporgehoben, und eine Wolke nahm ihn auf, weg von ihren Augen. Augen. Und wie sie gespannt hinsahen zum Himmel, während er dahinfuhr, und siehe, zwei Männer standen bei ihnen in weißen Gewändern, die sprachen: Männer, Galiläer, was steht ihr, blickend zu, Himmel? Dieser Jesus, der hinauf genommen wurde von euch weg in den genommen wurde von euch weg in den Himmel, so kommen wird er, auf die Weise, wie ihr schautet ihn dahinfahren in den Himmel. Da kehrten sie zurück nach Jerusalem vom Berge, der heißt (Berg) des Olivenbaums; der ist nah (bei) Jerusalem, ein Sabbatweg weit.*

Apg 1,9-12  (Übers. *Schierse*)

Das Fest *Christi Himmelfahrt* trägt diesen Namen im deutschsprachigen Raum und in nordischen Ländern. Bei den sprachlich vom Latein geprägten Nationen heißt das Fest *Aufstieg des Herren, ascensus* Domini (*ascension* day, l`Ascension, la *Ascensión*, l`*Ascensione*). In "Himmelfahrt" steckt das althochdeutsche Wort *faran*, es meint einfach *Fortbewegung*, noch nicht *schnelle* Fortbewegung ("Fahrzeug").

In beiden Texten stoßen wir erneut auf eine nicht schlicht historische, sondern erbauliche Erzählung.

Wichtig für die biblische Sprache ist das Bildmotiv *Aufstieg* (ma$^c$alah, anábasis ascensio), ein *symbolischer* Ausdruck.

Quellen für die christliche Wortwahl sind Lk 24,50-51 sowie Apg 1,9-12; sekundär Mk 16,19.

*Lukas* verwendet im Evangeliumstext die nüchterne Wendung "er entfernte sich von ihnen" (διέστη ἀπ᾿ αὐτῶν), nämlich von den betenden Jüngern.

Einige Textzeugen fügen an: "und er wurde zum Himmel erhoben/getragen"(ἀνεφέρετο εἰς τὸν οὐρανόν).

Ein anderes Bild liegt im Wort "Aufnahme" (ἀναλή[μ]ψις), das Lukas einmal im Evangelium verwendet (9,51) und das im griechischen Sprachraum bis heute für das Fest steht. Lk wählt den selben Ausdruck in Apg 1,2.11.22. Auch Mk 16,19 steht dieses Wort.

1 Tim 3,16 zitiert ein Lied, das am Ende über Jesus singt: "er wurde *aufgenommen* in/durch Herrlichkeit" (ἀνελήμφθη ἐν δόξῃ), m.a.W. durch Gott.

Das Wort kommt auch im AT vor, etwa in griechisch geschriebenen Büchern wie Sirach und 1. Makkabäer-Buch. Hebräisches Äquivalent ist das Verb *aufsteigen* (עלה), für die Himmelfahrt *Elijas* (2 Kön 2,11), das aber in der Septuaginta mit "er wurde aufgenommen" (ἀνελήμφθη) übersetzt wird.

Durch die Wortwahl wird der alte Ausdruck "aufsteigen" ebenso wie "Himmelfahrt" bzw. "ascensio" bereits interpretiert: gemeint ist kein Aufstieg aus eigener Kraft, sondern ein Erhoben-werden - ein Passiv, das in der Bibel häufig für Initiative und Handeln Gottes steht. Darauf zielt auch die Formulierung des *Lukas* in der Apostelgeschichte: Jesus "wurde [über die Erde] erhoben (ἐπήρθη) und eine Wolke nahm ihn weg von ihren Blicken" (Apg 1,9). "Himmelfahrt" ist also Aufstieg sozusagen ´mit fremder Hilfe`, das heißt in Gottes Kraft.

Der im Philipperbrief bewahrte alte Hymnus spricht klar: "Gott erhöhte ihn (Jesus) über alles" (2,9). Ein Auf-stieg durch Erhöht-werden.[124]
Eine korrigierende biblische Präzisierung des Begriffs "Aufstieg zum Himmel" bzw. "Himmelfahrt".
Zwar geht die anschauliche Rede aus vom ägyptisch-vorderorientalischen Mythos vom Sonnengott als bekanntem Sinnbild. Die Ausdrucks- und Einkleidungsform wird aber korrigiert: der sonnenhafte Aufstieg aus dem Dunkel des Todes in himmlische Höhe ist *übertragene* Würde und meint einen Sieg, der die Aufstiege und Karrieren der physischen Welt unendlich überragt. Der Aufstieg der Sonne ist ein eindrückliches, aber doch entferntes mythisches *Analogon*. Sinn und Grenzen von Analogien wurden *oben* umrissen.

Es wird klarer, erwägt man es vor dem Hintergrund der alttestamentlichen Abwehr von Pseudo-Göttern.
Im Gefühl der an die Scholle gebundenen Menschen Alten Orients verschmolzen die Sonnengottheiten *Schamasch* und *Aton* häufig und leicht mit *Baal* bzw. *Hadad* und *Astarte*. Sie, die für die Fruchtbarkeit des Ackerbodens (*adamah*) Zuständigen, waren in der mythischen Rangordnung zwar schwächer als der Sonnengott, erschienen aber kraft ihrer Zuständigkeit für den Segen der Natur den Menschen näher.

---

124 Es besteht eine gewisse Analogie zu irdischen Verhältnissen: sagt man vom Mitarbeiter einer Firma "er ist aufgestiegen ", meint man: "er wurde befördert"

So war *Baal* (= Herr) Typ des Aufsteigers schlechthin, der sich aus der Schwäche empor schafft zum Sieger, "Wolkenfahrer", Spender von Regen und Nahrung.

Mit ihm sich gut stellen, ihm *nachfolgen* versprach Gunst (Gnade), Anteil an seinem Sieg.[125]

Der adamische, *Baal* hörige Mensch, von Natur schwach, hilfsbedürftig ("Fleisch"), wurde/wird zum Mit-Sieger mit *Baal*.

So kommt das Sonnen-Motiv dem Verständnis für Jesu Erhöhung entgegen: als Veranschaulichung auf der *Erlebnis*-Ebene:

Der Sieg der Sonne mit ihrer Ankunft am Zenit, ihre alles beherrschende Stellung, Vertreibung des Dunklen, ihr Gericht in eins mit der Wärmestrahlung von lebensfreundlicher Güte, die auf Erde und Lebewesen herabkommt, diese *Erlebnis*-Eigenschaften, analog verstanden, werden zum *Ausdruck* der Christus gewährten Stellung *über* der Menschenwelt, die ihm kraft seiner Auferstehung aus "Finsternis und Todesschatten" zukommt. Auch geht die Sonne auf "über Böse und Gute" (Mt 5,45), was Sendung und Macht der Christus-Sonne, wie die Evangelien sie zeigen, noch tiefer verstehen lässt.

Die Erzählungen von Jesu *Himmel*fahrt wollen ja anschaulich darstellen, dass Jesus im Anschluss an seine Lebenshingabe "für viele" Anteil erhielt an Gottes Heils- und Rettungswerk für Israel und die Völker, dass er also in Gottes Liebeskraft beim Volk und im Volk wirkend ist, der Gemeinde sich mitteilt im geistigen Mahl (Austeilen des Wortes, Hören) und im leiblichen Mahl (Leib und Blut *für euch*). So berührt "Christi Himmelfahrt" Erde und Geschichte so, dass sie bezeugt werden kann, ist aber kein eigentliches Faktum der Geschichtszeit. Die Darstellung des Lukas hat mit einem dreistöckigen Weltbild der mythischen Zeit nichts zu tun, ist also mit ihm auch nicht "erledigt", wie *Bultmann* meint.[126] Wohl aber öffnet sich das als "Christi Himmelfahrt" umschriebene Geschehen den "geistlichen Sinnen" gläubiger Menschen - ein Aspekt, der in der kirchlichen Katechese allzu oft unterbelichtet bleibt.

Dazu sagt der von *Paulus* zitierte Hymnus klar, wo der Sonne-Mythos gebrochen wurde und wird: "Der in göttlicher Gestalt [man könnte variieren: in sonnenhaftem Rang] weilte, klammerte sich nicht an die Gott-Gleichheit wie an eine Beute [Bestreben menschlicher Aufsteiger!], sondern entäußerte sich, nahm Gestalt eines Dieners an, erniedrigte sich, wurde (Gott) gehorsam bis zum Tod am Kreuz (Phil 2,1-8).

125 Siehe dazu auch *Seifermann*, Entdeckung Gottes, 49-69
126 *J. Ratzinger*, Art. Himmelfahrt Christi, in: Sacramentum Mundi (Freiburg-Basel-Wien 1968), 693-696

Hier wird in das Geheimnis dieses Aufsteigers eingeführt.

Umfassendes Verständnis von "Christi Himmelfahrt" muss noch die Dimension *Staat* einbeziehen.

Den Staat als vereintes Wirtschaftsunternehmen hatte Israel in Ägypten kennengelernt, war vor seiner Härte, seinen Konsequenzen erschrocken und geflüchtet. Doch war der Staat als Idee, als expansives, das Volk in Oben und Unten aufspaltendes Projekt unter den Wogen des Schilf-Meers nur vorläufig untergegangen. Er rückte nach und holte Israel später ein in Gestalt seiner ersten Könige *Saul, David, Salomo*. Man wählte - nach einer Übergangszeit mit sogenannten Richtern (charismatischen Heerführern) - das Königtum, um gegen benachbarte Königreiche bestehen zu können. Anstelle von Subsistenz-Wirtschaft wurden nun zwangsweise alle Kräfte für zentral geleitete Wirtschaftsproduktion gebündelt, der Wert des Einzelnen unwillkürlich gemessen an seinem Beitrag zum Sozialprodukt durch Arbeit und Produktivität. Die Folge: die schwächeren Mitglieder wurden vernachlässigt, verarmten, ja verelendeten, indes die starken, die allgemeine Produktivkraft stärkenden Mitglieder an Ansehen gewannen und ihren Sozialstatus erhöhen konnten. Die königliche Zentralinstanz (nach Spaltung des Reiches im Norden wie im Süden vorhanden) setzte einseitig auf die das System stärkenden Volksteile. Die wachsende, Zwiespalt erzeugende Ungleichheit rief die Propheten auf den Plan, die daran erinnerten, dass die Vorväter aus einem Exodus hervorgegangen waren: die einen waren der Sklavenhalter-Gesellschaft Ägyptens entronnen, die anderen hatten frühkapitalistischen Stadtkulturen in Kanaan den Rücken gekehrt. Ihr gemeinsamer Gott aus Exodus-Zeiten war ꜣEl bzw. JHWH, wie das kleine Glaubensbekenntnis beim jährlichen Erntefest bezeugt (Dtn 26,5-10). Die Propheten bestanden auf der Treue zum JHWH-Bund, welche freilich die Reform des Königtums (gemäß Dtn 17,14-20) zur Förderung sozialer Gerechtigkeit einschloss. Der langfristig nur begrenzte Erfolg der prophetischen Mahner führte schließlich zum Untergang von Nord- und Süd-Reich mit ihren Königtümern. Propheten der Exils-Zeit stellten für die Zukunft eine erneuerte, an *David* orientierte, von Gott/JHWH geleitete Königsherrschaft (Messias) in Aussicht, die verlässliche Solidarität auch mit Armen und Kleinen garantieren werde.

Der religiös-humane Gegensatz hieß also JHWH gegen *Baal*.

Doch seine Quelle war (ist) vielfach *Lebensüberdruss*, den der Prediger (Kohelet) formuliert: "Alles ist Windhauch (Vergänglichkeit). Was hat der Mensch von seinem Besitz, für den er sich abmüht?

Die Generationen kommen und gehen ... Es gibt nichts Neues unter der Sonne" (Koh 1,2- 4.9)

Der ungestillte, nur vorübergehend befriedigte Lebenshunger ist faktisch nur auf Zeit zu stillen, nämlich aus Lebensverlust anderer, die kürzer oder elendiger leben. Das Todeslos trifft jeden, einige früher, andere später. Es zeigt sich: *Baal*, der mythische Gott, stirbt zwar auch, kommt aber wieder; *Mammon*, der ungerechte Gewinn, überlebt jeden seiner Anhänger, täuscht Lebensgewinn vor, doch die Lebensqualität, die er bringt, ist nicht tief genug, stillt die innerste Sehnsucht nicht. *Adam*, als menschliche Wirtschaftskraft profiliert, überlebt, doch der "*ben adam*", der Einzel-Mensch ("Menschensohn") muss die Welt so arm verlassen, wie er in sie gekommen ist. Für erhofftes Leben in Fülle zeigt sich "nichts Neues unter der Sonne", wohl aber die "Trauer derer, die keine Hoffnung haben" (1Thess 4,13).

Das Alte Israel beging die Lebens-Not des Volkes kultisch (Versöhnungstag), an dem der amtierende Hohepriester, belastet mit der Not des Volkes, im Allerheiligsten des Tempels vor JHWH hintrat und um Erlösung betete.

Der hohepriesterliche Ritus wurde, in christlicher Sicht, aufgenommen und auf einmalige Weise erfüllt durch Jesus, das "Weizenkorn", das zu sterben bereit war, um reiche Frucht zu bringen (Joh 12,23-32; 6,39; 18,9; Mk 14,32-42 Par). Der Hebräerbrief zieht die Linie aus: Jesus, von Gott gewürdigt, ist zum endgültig-ewigen Hohepriester geworden (Hebr 5,9-10; 7, 23-27; 9,1-28; 10,19-23; 12,22-24), der die Lebenssehnsucht derer trägt, welche die endlose Habgier besiegen und auf den einzigen wahren "Helfer" trauen, der über Menschenfurcht erhebt (Hebr 13,5-6).

Im Epheserbrief wird ein Psalm-Vers (68,19) auf Christus umgedeutet. Ursprünglich pries der Vers *Davids* Eroberung Jerusalems und die Lade-Prozession auf dem Zion. Er wird nun, etwas verändert, auf Christus angewandt: "Er stieg hinauf zur Höhe und führte (Kriegs) Gefangene daher" (Eph 4,8). Der Folgevers sagt: der Aufgestiegene ist auch der Herabgekommene zu den Tiefen der Erde, um aufzusteigen über alle Himmel und alle Welt zu erfüllen mit Gaben seines Geistes (Eph 4,8-10).

In stark kriegerischer Fassung thematisiert auch die Johannes-Apokalypse dieses Symbol im Blick auf Christus (Joh Apk 19,11-21; vgl. Wsh 18).

Damit ist der Staat, was den Lebens*sinn* angeht, relativiert. Christen sind angehalten, weil sie doch mit Christus schon *mit* auferstanden sind, den Blick zu richten auf den Himmel, wo Christus zur Rechten Gottes Sitz hat, d.h. mit Gott und durch ihn über die Welt waltet (Kol 3,1-4; vgl. Ps 2,6-12).

Daran teilzuhaben ist auch der schlichte Christ, die schlichte Christin berufen, wie in bildhafter Einfachheit der matthäische Jesus die Jünger lehrt ("zum Verwalter seines ganzen Vermögens machen": Mt 24,47; "über vieles werde ich dich setzen. Nimm teil am Freudenfest deines Herrn": Mt 25,21).

Die Bildsprache ist nicht etwa naiv, sondern anschaulich, weil sie Sehnsucht und Begehren der Menschen, wie sie sich in diesem Leben melden, ernst nimmt, ihnen eine Erfüllung zusagt, die nicht vergeblichem Wettlauf mit dem Tod entstammt, sondern verliehen wird von jenem Aufsteiger, dem selbst verliehen wurde, an Gottes menschenfreundlicher Königsherrschaft teilzunehmen.

## *"Der zum Himmel aufstieg und wieder herab kam"*

Im 20. Jahrhundert bezeugt der gläubige, auch für Christus aufgeschlossene Hindu *Mahatma Gandhi* die lebendige Gegenwart Christi: „Gott hat das Kreuz nicht nur vor 1900 Jahren getragen, sondern er trägt es heute, und tagtäglich stirbt er und steht er von den Toten auf".[127] *Gandhi* interessiert sich kaum für den historischen, umso mehr für den lebendigen Jesus: "Die Bergpredigt wäre immer noch wahr", auch wenn Jesus nie gelebt hätte.[128] *Gandhi* spürt die Lebendigkeit der Bergpredigt jenseits der Geschichte, bejaht sie als überzeitliche Offenbarung und ahnt, dass der Offenbarer ebenso der Zeit enthoben ist.

Das innerste Gewissen aufgeschlossener Menschen bezeugt nicht nur den göttlichen Ursprung von Jesu Sendung, sondern auch seine allem Verrat trotzende Gegenwart, seine zeit-enthobene Botschaft, seine nicht zu tötende Menschenliebe, seine unvergängliche Auferstehung und die unerschöpfliche Geist-Sendung.

Das Gewissen gibt Zeugnis von Jesu unbegreiflicher *Gleich*zeitigkeit mit Menschen jeder Epoche. Es ermöglicht Glauben und befähigt zu ihm. Gleichzeitigkeit beinhaltet zugleich *reine Gegenwart* – Gegenwart Gottes bzw. Jesu Christi in der wort- und zeichenhaften Verkündigung, in der kultischen Feier. Gottes Gegenwart wird erfahren im Bewusstsein des Anrufs, des Gewissensrufs, in jenem (meist kurzen) Licht oder Aufleuchten des geforderten Guten wie im abweisenden Echo auf die schlechte Alternative. Glaube wird zutiefst gezündet aus dem Gewissen. In jenem Du, das uns ruft oder bremst, leuchtet auf eine transzendente (uns jenseitige), universale hoheitlich-richterliche und ebenso wohlwollende Autorität, die, indem sie uns folgt und Geleit gibt, offenbar um uns besorgt ist.

Sie kann nicht eingebildet sein, denn sie wiederholt sich, wirkt auch in anderen. Sich gegen sie wehren, auch ihr zu folgen kostet einen inneren, manchmal auch äußeren Kampf. Ihr Ja oder Nein ist unbedingt.

Vor der Wahrheit, die aufleuchtet, wenn der lebendige Jesus durch das Gewissen tönt, uns ins Herz trifft, wenn er aufruft, barmherzig gegen Feinde zu sein, einander zu vergeben, zu beten für die Verfolger – zu tun also wie er selbst –, wenn er die weinende Sünderin vor dem Nase rümpfenden Pharisäer erhebt und den Gesetzeslehrer nötigt, den vermeintlich im Glauben tiefer stehenden Samariter als Recht*gläubigen*, weil Recht-*Tuenden*, anzuerkennen usw. scheint unser Gewissen über Ihn, der als Jesus

127 Young India, 11-8-1927, in *Gandhi* (1968), 124
128 Young India, 31.12.1931, in *Gandhi* (1968), 123

der Christus werbend, Beispiel gebend an uns herantritt, nichts Treffenderes, zugleich Höheres sagen zu können als „Licht vom Licht", „gezeugt, nicht geschaffen", „eines Wesens mit dem Vater", und entsprechende Ausdrücke zutiefst bewegter Liebe.

So sind die schon früh entstandenen sogenannten *hoheitlichen* Aussagen über Jesus, äußerlich gesehen, zwar Namen und Benennungen aus dem damaligen religiösen (biblischen und, in geringerem Maße, gemein antiken) Arsenal, zutiefst aber Einsichten, Eingebungen des religiös wachen Gewissens der Apostel und anderer Glaubenszeugen der frühen Kirche, die spät geborene Christen, die Ihm zuinnerst begegnen, nachdenklich bejahen können.

Weil aber das Gewissen, lebenslange Schärfung benötigend, nicht bloß irren, sondern Gott auch mit Über- oder Untertreibung verfehlen kann, ist Orientierung am überlieferten Gemeinschaftsglauben der Christenheit unerlässlich.

Der Erschütterung des Gewissens zugrunde liegt nach urchristlicher Erfahrung die Erleuchtung durch Gott selbst (Mt 16,16f), damit Menschen „schauen, was ihnen von Gott geschenkt wurde" (1Kor 2,7-16). Erleuchtung, die Gott durch seine Liebe mitteilt, ist Teil seiner Liebesgabe, die im „Sohn" sichtbar, greifbar wird (Joh 3,16). Von ihr hängt die Erkenntnis Gottes und des „Sohnes" ab (Eph 1,17), sodass zu folgern ist: nur "der Liebende erkennt Gott" (1Joh 4,7). Gott selbst macht die „Augen des Herzens" hell, sodass sie seinen Ruf und Heils-Willen erkennen (Eph 1,18). So ist *die Liebe* die Wurzel der Erkenntnis Gottes, seiner Offenbarung, so auch Fundament des Gewissens.

Die hoheitlichen Bekenntnisse der Kirche zu Jesus lassen sich identifizieren als Liebeserklärungen eines hellsichtig gewordenen Glaubens und Gewissens.

Die "stringente innere Folgerichtigkeit" der intuitiv-gläubigen Übertragung alttestamentlicher Erkenntnisse und Erwartungen - JHWH`s Heilshandeln betreffend - in Aussagen und Bekenntnisformeln zu Jesus ("Kyrios", Gottessohn")[129] ist darum nicht bloße Verstandeslogik, sondern tiefer die Logik des Herzens. Nicht die Vernunft ist es - wie *Blaise Pascal* erkennt -, sondern das Herz, das Gott erspürt.[130] Von Gott selbst beschenkt, wird das Herz zum "inneren Lehrer", der auch die Unzulänglichkeit von Glaubens-Unterricht und Verkündigung zu ergänzen vermag - doch nur (wie *Augustinus* weiß) im Maße der gute Wille der Hörer es ermöglicht.[131]

---

129 Siehe z.B. *Hengel*, Sohn Gottes, 90-120
130 Pensées (Gedanken) fr. 278
131 *Biser*, Lehrer, 23

So werden Christen und Suchende durch das anhaltende Echo ihres Gewissens auf die Gleichzeitigkeit, Lebendigkeit, Gegenwart, Gottesnähe dieses Jesus Christus aufmerksam, der sie *an*spricht und in der Gewissenstiefe erreicht, werden bewogen, gleichzeitig zu erkennen, dass er *lebt*, durch Leiden bestärkt, zur Vollmacht erhoben und gesandt.

Die Auferstehungszeugnisse bei *Paulus*, die Erscheinungs-Erzählungen der Evangelien sind zumeist bildhafte Veranschaulichungen der Einsicht in die mystische Gegenwart Jesu, die auch heute durch Glaube und Gewissen zugänglich wird.

Wem aber Jesus "nichts sagt", wem "die anderen" egal sind, wer "nicht glauben will oder nicht glauben kann, dass die Toten leben" (*Jörg Zink*), wird das Osterfest der Kirche – es prägt alle Sonntage im Jahr – und jede kultische Auferstehungsfeier als "Nonsens" ´abhaken`.

Vorsorglich sei nochmals betont: der ´Urknall` des christlichen Glaubens - die Auferweckung und Auferstehung Jesu - setzt einen intensiven *Anstoß* in der innersten Wahrnehmung der Jünger voraus. Erzählungen (nicht nur „Berichte") von Erscheinungen des lebenden Gekreuzigten, von seinen Begegnungen mit Frauen und Männern aus seinem Kreis sind gespickt sowohl mit Erfahrungen als auch Reflexionen aus schon bestehenden Gemeinden, die Christus *leben, verkünden* und *praktizieren*. Man nennt das Oster-Ereignis treffend *Offenbarung*.

Die Botschaft der Apostel: „Der Gekreuzigte lebt", „er ist auferstanden"!, die Verkündigung und Lebenspraxis der Gemeinden sind „undenkbar ohne eine wirkliche, von außen die Zeugen treffende Berührung mit dem ganz ... Unerwarteten".[132]

„Von außen" meint: nicht aus dem Vermögen der Psyche. Doch entspricht dem „von außen", recht verstanden, ebenso ein „von innen".

Die Wahrheit der Auferstehung Jesu teilt sich der Gewissenstiefe mit, ausgelöst von einer ´Außen`- Erfahrung, jedoch von innen bestätigt; und von innen drängt die Erfahrung wieder nach außen.

Beispielhaft die *Emmaus*-Perikope (Lk 24,13-35): zwei Jünger, aufgerichtet durch die Schriftauslegung aus Mund und Herz eines Dritten, zugleich Beginn neuer, tröstender, ermutigender Lebensgemeinschaft, Vertiefung der *Communio* (Gemeinschaft / Gemeinde) im abendlichen Brotbrechen, betroffen machendes Aufleuchten der Gegenwart Jesu als „Herr", Mit-Auferstehung ("*anastántes*") der Jünger und ihr Zeugnis, dass sie ihn –

132 *Benedikt XVI.*, Jesus II, 301; vgl. *Hoppe*, 25-28

vorbereitet durch seine *Schrift*auslegung – beim Brotbrechen als lebend und ihre Mitte erkannten und *an*erkannten. Jede eindeutige Erkenntnis sagt ein *Ja*, hier: „Ich habe den *Herrn* geschaut" (Joh 20,18); „*Mein Herr* und *mein Gott!*" (Joh 20,28).

Den *Anstoß* von außen und von innen hin zu Jesus „auferstanden von den Toten", wie ihn die Jünger erfuhren, empfangen auch heutige Christen einmal, mehrmals im Leben – ähnlich kurz wie eine nächtlich aufleuchtende Sternschnuppe.

Sie können gewahren, dass die Raum und Zeit durchdringende, plötzlich erscheinende und wieder entschwindende, leibhaftig-reale Erscheinung des Auferstandenen im Leben der Gemeinde ähnlich greifbar-ungreifbar stattfindet wie in den Erscheinungserzählungen der Oster-Evangelien.

Als "Sitz im Leben" der österlichen Erscheinungstexte zeigt sich die lebendige, glaubend hörende, feiernd dankende, Jesu gedenkende, geschwisterlich teilende, solidarische Gemeinde, wo der Christus spricht, sendet, je neu seinen Jüngern sich hingibt und sich darin dem "Vater" übergibt. Hier erscheint der Auferstandene je neu Frauen und Männern seiner Nachfolge: Räume und Zeiten durchdringend, plötzlich erscheinend, sich wieder entziehend, nicht gespenstisch-flüchtig, sondern real, leibhaftig in Wort, Zeichen, Geste, Handlung, den "Namen" des "Vaters" offenbarend als *Heil* und *Rettung* (Jesus > *Ješu‹ah*). "Denn Christus, der vor der Passion der Kirche seinen Leib übermacht hat, haucht ihr an Ostern seinen Geist ein".[133]

Daher gilt bis heute: "die Leiblichkeit der Auferstehung" Jesu besteht darin, "dass der Auferstandene selbst in der Verkündigung und in den Sakramenten *in Raum und Zeit zur Erscheinung* kommt".[134] Hier spricht der auferstanden Gegenwärtige, haucht die Jünger an, rührt an ihre Herzen. Und hier rühren - nicht sinnlich sehend und doch glaubend - zweifelnd hinzukommende Menschen an den Lebenden, den trotz Kreuz Lebenden, bis auch sie erkennen: "mein Herr[135] und mein Gott" (vgl. Joh 20,35-38).

Daraus ergibt sich die früh einsetzende Übung der Christen, am 8. Tag zusammen zu kommen, um aufs Neue den lebenden Christus zu schauen, zu hören, Zweifel zu überwinden, sich von Ihm hinführen zu lassen zum Vater und von diesem zueinander, heraus aus geschlossenen Räumen in alle Welt. Sonntägliche Wiederbegegnung, Wiedererkennung, Annahme und Sendung in einem ist vital, wesentlich für Bestand der Christen und ihrer Gemeinde.

---

133 *von Balthasar,* Kirche? 48
134 *Knauer,* Der Glaube, 146ff; s.a. *Welker,* 133f.
135 "Herr", gr. "Kyrios" ist Umschreibung für JHWH

Hier wird ihnen mit der Zeit gegeben zu erkennen, dass sie, geistlich eingefügt ins Verhältnis des Sohnes zum Vater, darin selber dessen "Kinder" (Joh 1,14; Röm 8,14.16f), "Söhne" und "Töchter" (Jes 43,6; 2Kor 6,18; Apk 21,7), füreinander "Brüder und Schwestern" sind (Mk 3,35 Par). . Die Attribute meinen reale Aufnahme Glaubend-Vertrauender in innigste Lebensgemeinschaft mit Gott. Darin liegt zugleich die Verheißung vollkommener Freiheit, die Jesus im Zwiegespräch mit jüdischen Zweiflern ankündigt (Joh 8,32-36; vgl. Röm 6,18; 8,3). Sich im Glaubensprozess von der Verabsolutierung weltlicher Güter lösend, die im Tod ohnehin verloren gehen, erfährt ein glaubender Mensch die vollkommene Freiheit, *er selber* zu sein vor seinem Schöpfer und Heiland.

## *Exkurs: Alternative Interpretationen biblischer Mythen*

Es gibt ungezählte Deutungen biblischer Texte: psychologische, soziologische, meditativ-assoziative, spirituelle und andere. Manche Menschen lesen statt des Originals lieber eine Deutung. Oder eine ´moderne` Nacherzählung. Wer sich mit Sekundärliteratur nicht zufriedengibt, sondern wissen möchte, was die Bibel im originalen Wortlaut sagt, wird der Begegnung mit der Bibel in deren eigener Sprache nicht ausweichen können.

Doch dann entstehen erfahrungsgemäß Fragen, wie wir sie auf den vorigen Seiten bedachten: Hat sich bei seiner Taufe *wirklich* der Himmel über Jesus und dem Täufer geöffnet und ist eine Taube auf ihn herabgeschwebt? Ist Jesus, statt zu schwimmen, *wirklich* über Wasser gegangen, ohne zu versinken (und tat Petrus es ihm ein paar Schritte nach)? Fuhr Jesus *wirklich* über die Wolken hinauf in den Himmel und nahm neben Gott Platz?

Das seien Mythen, heißt es oft, das "müsse" man nicht glauben. Manch unglaubliche Erzählungen, schon vor Jahrhunderten als anstößig befunden, von gestrengen Gläubigen jedoch zu "Gretchen-Fragen" stilisiert: man müsse glauben, "dass es so passiert" sei.

Schon Gebildete der europäischen Neuzeit konnten sich damit nicht beruhigen - zu offensichtlich erschien ihnen in Kenntnis griechisch-römischer Antike, dass die Bibel mythische oder Mythen ähnliche Texte enthalte, die in eine Traumwelt führten. Man schrieb sie der Entstehungszeit und den Schriftstellern zu, deren Bildung auf Mythen und Sagen beruht habe. Eine philosophisch denkende und naturwissenschaftlich belehrte Zeit jedoch müsse die "biblische Mythologie" neu interpretieren, um die Glaubwürdigkeit der Bibel zu wahren.

Nun stammen die sogenannten "Mythen der Bibel" ja weder aus der Mythologie der Alten Griechen und Römer noch aus jener der Alten Germanen. Wie wir oben sahen, enthält und verwendet die Bibel Elemente aus Mythen der alt-semitischen Völker des Nahen und Mittleren Orients.

Weil Erzählweise und Darstellungsart der Bibel, mit kritischem Verstand betrachtet, naiv und überholt sei, argumentiert die europäische Neuzeit, müsse man sie mitsamt ihren phantastischen Bildern auf ein fortschrittliches, philosophisch-wissenschaftliches Niveau heben oder, wo möglich, irgendwie empirisch verifizieren (mit dem Ziel "Und die Bibel hat doch recht").

Es ist lehrreich, sich Beispiele dieser Art Interpretation kritisch vor Augen zu führen.

# I. *Hegel*

Der Philosoph *G.W.F. Hegel* (1770-1831), bekennender "Lutheraner" (wie er betont), unternahm den spekulativen Versuch, Mythen grundsätzlich, samt ihren Resten im Christentum, auf eine höhere Stufe zu heben.

Eine genaue Begriffsbestimmung des "Mythos" fehlt bei *Hegel*, doch lässt er erkennen, wie er Mythen versteht und einschätzt. Er spricht von ihnen, wo er das Verhältnis der Philosophie zur Religion klären will. Mythen seien von Religion nicht zu trennen. Wie die Philosophie handle auch die Religion vom "Wesen der Welt", von der "Substanz der Natur und des Geistes", doch tue sie es "fürs empfindende, anschauende, vorstellende Bewusstsein", mache Gott zum "Gegenstand".

Allerdings werde die religiöse Vergegenständlichung Gottes für das *Empfinden* aufgehoben und zum "Genuss" der "Einheit" verwandelt durch Andacht und Kult.

Das Streben der Religion zur Einheit mit dem "höchsten Vernunftwesen" (Gott) sei richtig, doch müsse die durch Religion erreichte Einheit philosophisch vollendet werden "durch denkende Erkenntnis", da der universale Geist „sein Wesen" in sich „aufnehmen" wolle. Damit das gelingt, seien die der Religion gegebenen Grenzen - nämlich ihr mythisch-geschichtlicher Aspekt - zu überwinden. *Religion* (das Christentum) ist für *Hegel* gültig, doch ihr Bezug auf "äußere Anschauung", "Vorstellung", "Empfindung" mache aus ihr nur "ein dumpfes Weben des Geistes in sich".

Zwar habe im "Gefäß" des Christentums "der absolute Geist sich offenbar gemacht", doch nur in der "Sphäre der Subjektivität", also in "endlicher Vorstellungsweise": in einem noch sinnlichen, gegenständlichen Gegenüber, das ´aufgehoben` werden müsse. Philosophisch gesehen sei Gegenstand der Religion nur die mythische "Bildersprache" *anstelle* des sich allmählich begreifenden "Weltgeistes selber".

Denn "Inhalt des Mythos", sagt *Hegel*, sei "der Gedanke". Der Mythos wolle zwar den Gedanken ausdrücken, doch sei die mythische Ausdrucksform "mangelhaft". Darum gelte: "Wer den Gedanken in Symbole versteckt, hat den Gedanken nicht". Der *Gedanke* sei "das sich Offenbarende", daher sei die mythische Ausdrucksform "nicht adäquat". *Mythos* sei eine Art "Unvermögen", einen Gedanken "auf reine Weise" auszudrücken. Stehe aber ein Gedanke einmal klar da, "so ist die Mythe ein überflüssiger Schmuck".[136]

---

136 *Hegel*, Geschichte der Philosophie I, 81-113

Mit diesem Ansatz der Mythen-Kritik, der bis heute nachwirkt, ist der Verdacht verbunden, mythische oder halb mythische Ausdrucksweise lasse einen Mangel an philosophischer oder wissenschaftlicher Erkenntnis oder Klarheit vermuten.[137]

Was für *Hegel* zählt, ist der *Gedanke*: der klare Gedanke gehe ein in das Zu-sich-Kommen des Geistes. Die herkömmliche, mythisch sprechende *Religion* sei nur erst "das Andre", noch nicht als das *Eigene* erkannte "Andre". Der *Geist* kommt zu sich, indem er denkend weiß, versteht und schließlich *sich* selbst *als* den Wissenden *weiß* und darin das "Andre" als sein eigen besitzt. Dann ist er verstehend bei sich. Denn der Geist sei Selbstzweck, und sobald er im Anderen *sich weiß* und versteht, sei er *frei*.

Da in der christlichen Religion Gott sich im Sohn offenbart habe, Gott also nicht mehr "geheim" sei, sieht *Hegel* als Endziel der Weltgeschichte - die zutiefst *Geistes*-Geschichte sei - die vollkommene Freiheit: das Bei-sich-sein des All-Geistes.

Dagegen seien mythische Inhalte der Bibel (wie "Sündenfall", die wunderbare Geburt oder die Wunder Christi), auch seine historischen Fakten das (Noch)-Nicht-Durchschaute, das bloße "Andere", das noch nicht ins Bei-sich-sein erhobene, bloß "Andere" des göttlichen Geistes. Christus als Person und die einzelnen Gläubigen seien "Momente der göttlichen Idee". Historische Prozesse aber seien *notwendige* Aspekte des zu-sich-kommenden göttlichen Geistes.[138]

Auf diese Art kämpft *Hegel* für den "entmythisierten" oder nicht-mythischen "Gedanken" von Religion. Während *Aristoteles* Mythen als unzuverlässig für logische Forschung abtut, erkennt *Hegel* in ihnen "Gedanken" - noch unreine, nicht zu vollem Bewusstsein gereifte. Im Ergebnis aber kommen beide überein: Mythen hätten nicht das Niveau von rational-philosophischem Denken, müssten ihm weichen.


## II. *Bultmann*

Ein jüngerer Mythen-Kritiker ist *Rudolf Bultmann* (1884-1976): Mythen erreichten weder das Niveau der wissenschaftlich-technischen Welt noch das Niveau der biblischen Offenbarung. Statt sie auszuscheiden (man kann sie ja nicht aus der Bibel tilgen), plädiert auch er für ihre *philosophische*

---

137 *Pieper,* (1965), 23f
138 *Hegel,* Philosophie der Geschichte, Einleitung II u. Teil III, 3 Kap.2: Das Christentum. *Hegels* Sicht widerspricht die "positive" Spät-Philosophie *Schellings.*

*Interpretation.*[139] Bevorzugte Philosophie ist aber nicht die *Hegels*, sondern die des *frühen Martin Heidegger.*

Mit deren Hilfe sollen mythische Texte der Bibel zeitgerecht und verständlich gemacht werden.

"Mythologisch" nennt *Bultmann* eine "Vorstellungsweise, in der das ... Göttliche als Weltliches, Menschliches, das Jenseitige als Diesseitiges erscheint".[140] "Mythologisch" ist für *Bultmann* häufig ein Etikett für "anthropomorph". Einen wichtigen Grund für modernen Unglauben sieht er in der unkritischen Vermischung göttlicher Offenbarung und Handlung mit weltlichen Akten und Phänomenen.

Anders ausgedrückt, geht es ihm darum, Aussagen über Jesus - etwa über seine "Himmelfahrt" oder seinen Gang über Wasser - *nicht* zu verstehen als innerweltliche Super-Leistungen, die selbst die kraftstrotzenden Arbeiten des antiken Herakles noch übertreffen würden.[141] Derartige Auslegungen wirken unglaubhaft in einer Zeit, wo Filmstudios mit *Das können wir auch!* Reklame machen.

*Bultmann* möchte die von ihm als "erledigt" beurteilten "mythologischen" Bibel-Texte, wo immer möglich, *nicht-mythisch*, d. h. philosophisch - genauer: "existential" - interpretieren.[142] Die Rettung "mythologischer" Texte sei deren Übersetzung in *Heideggers* Philosophie, wo sie *umgesprochen* würden.

*Heidegger* charakterisiert den Menschen grundlegend als *Existenz*, d.h. als ein Wesen, das nicht bloß vorhanden ist wie ein Ding oder Objekt, sondern das ist, indem es *sich zu sich selbst verhält* (mithin *Person* ist). Daher kämen dem Menschen nicht bloß Eigenschaften zu (wie den Dingen), sondern "Existenzialien", d.h. Seinsweisen *personaler Existenz.*

Das markanteste Existenzial ist für *Heidegger* das "Sein zum Tode": die äußerste, stets anwesende *Möglichkeit* für jedes menschliche Dasein, *nicht mehr zu sein.* Sie vor allen mache dem Menschen seine "Geworfenheit", d.h. seine bloße Faktizität, bewusst.

Die erste Selbsterkenntnis des Menschen, dass er sich vorab als *Faktum* vorfindet, weckt in ihm die aus der Welt der Fakten und aus eigener Kraft

---

139 Vgl. seine Studie *Neues Testament und Mythologie*, in: Bartsch, Kerygma und Mythos I, bes. 16-21. Zusammenfassend *Bultmann*, Jesus Christus und die Mythologie (1964)

140 Neues Testament und Mythologie, hier: S. 22 Anm. 2; ähnlich in: *Jesus Christus* (a.a.O.), 17

141 *Knauer* würdigt *Bultmanns* Entmythologisierungsprogramm positiv als Kampf gegen den Monophysitismus in der Christologie: Der Glaube 140 Anm.

142 *Neues Testament* ..., 26f. 33; *Jesus Christus*, 50-68

unbeantwortbare Frage: *Wer* bin ich? *Woher* komme ich? *Wohin* gehe ich? Eine Antwort darauf *liegt nicht vor*, also transzendiert sie die Welt des Faktischen.

*Heideggers* Frühschrift "Sein und Zeit" (von 1927) entwirft ein Menschenbild, das in *Bultmanns* Augen eine "profane" Darstellung des menschlichen Dasein bietet, wo lediglich die religiös-christlichen Hinweise getilgt seien: "der Mensch, geschichtlich existierend in der Sorge um sich selbst auf dem Grunde der Angst, jeweils im Augenblick der Entscheidung zwischen der Vergangenheit und der Zukunft, ob er sich verlieren will an die Welt des Vorhandenen, des ´man`, oder ob er seine Eigentlichkeit gewinnen will in der Preisgabe aller Sicherungen und in der rückhaltlosen Freigabe für die Zukunft".[143]

*So* sieht *Bultmann* etwa die Sünde sowohl im "Verfallen-sein an die Welt" (Ausdruck *Heideggers*) wie auch im Versuch des Menschen, sein Leben prinzipiell "eigenmächtig" (autonom), d.h. *nicht vor Gott* verantworten zu wollen. Doch stelle das "Sein zum Tode", also das nicht abzuwälzende Ausgerichtet-sein auf Sterben-müssen den Menschen vor das *Unver-fügbare*. Es komme darauf an, sich dem *Unverfügbaren* zu stellen, sich an seiner Eintrittsstelle ins Leben von Gott ansprechen und erlösen zu lassen.

Das Unverfügbare zeigt sich voraus in unvermeidlichen Schicksalen und Leiden bis hin zum Tod, *hält* die Existenz aber auch *offen* für Gott.

Das *Unverfügbare* war auch den Alten bewusst, trug wahlweise den Namen eines Gottes oder den Namen *Schicksal*.

Der moderne *Homo Faber* jedoch will es überwinden, verschwinden lassen auf naturwissenschaftlich-technischem Wege.

*Bultmann* ortet das Unverfügbare der neutestamentlichen Froh-Botschaft positiv im Bekenntnis des *Paulus*: "ich lebe im Glauben an den Sohn Got-tes, der mich liebte und sich für mich hingab" (Gal 2,20). Das Unverfüg-bare offenbart sich hier personal in der realen, aber unverfügbaren Selbst-gabe Gottes in Jesus Christus. Des Menschen Mut zum Unverfügbaren erscheine hier gewandelt und belohnt in der Gewissheit, neu zu leben aus dem Glauben an Christus: hier werde das Sein-zum-Tode zur Chance der Überwindung todgeweihter Existenz *im Glauben* an den Auferstandenen.

Jedoch seien - so *Bultmann* - ins Kosmische ausgeweitete Deutungen des Kreuzes Christi - dass Gott damit "die Mächte und Gewalten entwaffnete" (Kol 2,15) - mythologisch, ebenso wie "die Legenden vom leeren Grab und von der Himmelfahrt". Aussagen dieser Art seien kein Teil des Evangeli-

---

143 *Bultmann*, **Neues Testament** ..., a.a.O., 33

ums. Doch "im Erklingen des Wortes [der Versöhnung] würden Kreuz und Auferstehung Gegenwart, ereigne sich das eschatologische Jetzt".[144]

Mythologisch gefärbte Texte wollten zwar auch von der neuen, von Gott in Christus gewährten Heils-Wirklichkeit sprechen, täten es aber auf inadäquate Weise, da die neue Wirklichkeit jenseits der objektivierbaren, untersuchbaren Realität liege.

*Bultmanns* Programm "Entmythologisierung" durch "existentiale Interpretation" stieß allerdings auf Einsprüche nicht nur aus der Theologen-Zunft, sondern auch von philosophischer Seite.

Der Psychiater und Philosoph *Karl Jaspers* äußert zwei Einwände: Außenstehende könnten kritisieren, *Bultmann* habe "durch einen Willkürakt seines Glaubens das Heilsgeschehen" in Christus von der Mythen-Kritik ausgespart. Zudem gebe es das von *Bultmann* vorausgesetzte "wissenschaftliche Weltbild" gar nicht, dem zuliebe er "Entmythologisierung" betreibt. Was sich so nennt, sei eine pseudowissenschaftliche, an *Descartes* orientierte Philosophie. Gleichzeitig raube "uns diese Entmythologisierung alle Mythen-Welt, ...das Reich der Chiffren überhaupt", sie raube "die Sprache der Transzendenz in ihrem ganzen Reichtum und ihrer Vieldeutigkeit".[145]

Theologen anerkennen zwar *Bultmanns* hermeneutische Absicht, bemängeln aber, dass die biblische Heils-Zusage, welche die "physische, raumzeitliche, leibhaftige Existenz" des Menschen *einschließt*, bei ihm faktisch untergehe. Die materiellen Grundlagen des In-der-Welt-Seins würden, wie schon bei *Heidegger*, zugunsten des "Daseinsvollzugs" abgewertet, diesbezügliche Texte der Bibel als "Mythologie" abgetan. *Bultmann* verkürze die Eschatologie zu einem "existenziellen Aktualismus"[146] und streiche die Ausformulierung biblischer Heilsbotschaft bis in die materielle Welt hinein: *weil* diese *heute* das Feld der Naturwissenschaft sei; *deshalb* seien diesbezügliche Aussagen der Bibel als mythologisch zu qualifizieren. So bestärke *Bultmann* eindimensional denkende Leute in ihrer Ansicht, nur die Naturwissenschaften böten Erkenntnisse über die Wirklichkeit.

Allerdings nötigt er - positiv gesehen - die Theologen, die Christen überhaupt, neu nachzudenken über die Frage, *in welchem Sinne* den sogenannten "Heils-Tatsachen" *Wirklichkeit* zukomme.[147]

Außerdem verwendet *Bultmann* einen ungeprüften Begriff von Mythos.

144 *Bultmann*, Neues Testament ..., a.a.O.,44-48; zu *Bultmanns* Entmythologisierungs-Programm s.a. *Welker*, 102-105
145 *Jaspers*, Der philosophische Glaube, 431
146 *K. Rahner*, Theologische Prinzipien der Hermeneutik eschatologischer Aussagen: Schriften zur Theologie IV, 411.
147 Vgl. die genannten Arbeiten von *Knauer* u. *Welker*!

Er übersieht (wie viele andere): antike Mythen reden unter Götter- und Dämonen-Namen nicht schlicht von Naturkräften, sondern von abgründigen Mächten und Gewalten übermenschlicher Art, die in Naturkräften und -ereignissen aufleuchten *können*.[148]

*Bultmanns* theologische Distanz zur materiellen Welt gefährdet auch das *historische* Heils-Ereignis *Jesus Christus* - von halb Gebildeten gleichfalls als Mythologem verdächtigt. *Bultmann* vertritt ja, die *Verbindung* des *geschichtlichen* Ereignisses - Jesu Kreuzigung - mit dessen *Heils*-Bedeutung sei *nur* für die ersten Jünger bedeutsam gewesen; späteren Generationen begegne der Auferstandene allein in der Verkündigung. Doch der Eintritt des Heilbringers in die Geschichte besagt *mehr*: heilendes Ja *auch* zum Kosmos als Umwelt der Menschen, Erlösung auch des Kosmos von knechtenden Mächten. Die Welt ist tiefer, als das Oberflächen-Bewusstsein es weiß oder annimmt.

## III. *Jaspers*

*Karl Jaspers* entwickelt selbst eine - eher indirekte - Mythen-Kritik, jedoch als Gegner *Bultmanns*.

Als Ausgangspunkt zitiert er einen Basis-Satz von *Sören Kierkegaard*: der Mensch ist das Selbst, das sich zu sich selbst verhält und darin sich auf die Macht bezogen weiß, die es gesetzt hat. Menschliche Existenz heiße daher "Sein-können vor der Transzendenz". Menschliche Existenz sei "Sichgeschenkt-werden ... nicht aus dem Nichts, sondern vor der Transzendenz". Unsere Erkenntnis erfasst die Welt ihr gegenüber als bodenlos. Damit werden Menschen frei für sich selbst, frei zugleich auch "in Bezug auf Transzendenz". Die auf Transzendenz weisenden Zeichen und Symbole nennt *Jaspers* "Chiffren". Sie vertreten keine Erkenntnis, sondern "leuchten in den Grund der Dinge", sind "Vision und Deutung", entziehen sich allgemeiner Erfahrung und Verifikation. In ihren geschichtlichen Gestalten - Mythen, Glaubensbekenntnissen - hätten die Menschen "die Wahrheit der Wirklichkeit erblickt". Doch der moderne Mensch habe sie als "täuschende Realität" durchschaut "zugunsten der vieldeutigen Sprache der Chiffren". Man könne die "geschichtlichen Chiffren" heute nur "in der Schwebe halten, den Inhalt weder als Realität noch als zwingendes Wissen behandeln", vielmehr als "Bilder" oder "Leitfäden im existentiellen Augenblick". Denn

---

148 Daher korrigiert *Heinrich Schlier*, Schüler *Bultmanns,* in "Mächte und Gewalten" das zu enge Weltbild seines Lehrers.

jeder Mensch wisse sich "geschenkt aus anderem Ursprung: im Lieben-können, in der Vernunft, in einem unbegründbaren Vertrauen". Transzendenz sei "nicht durch Identität von Sache und Symbol" zugänglich. Die Signatur menschlicher Existenz sei *Freiheit*: "Wo Freiheit ist, endet das zwingende Aufzeigen". In der Sprache der Chiffren finde ein Kampf statt, der auf den Kampf in jeder einzelnen Existenz verweise - zur Transzendenz hin oder von ihr weg zu dämonischen Mächten -, ein Kampf nicht zwischen Ideen und Konfessionen, sondern ein Kampf zwischen Entscheidungsalternativen der individuellen Freiheit. So bleibe ich als Mensch "auf dem Wege und bin nicht im Besitz". Die in Chiffren aufleuchtende Wahrheit bezeuge sich nicht durch Erkenntnis, "sondern allein durch ihre erhellende Kraft in der existentiellen Geschichte des je Einzelnen".

In Auseinandersetzung mit *Karl Barth* und *Bultmann* stört sich *Jaspers* an der behaupteten Eindeutigkeit christlicher Offenbarung, wo das Hören des Wortes richtend entscheide über Gläubige und Ungläubige. Die Vieldeutigkeit der Chiffren entspreche der Freiheit und dem Lebenskampf menschlicher Existenz. Diese sei auf die drei Weisen des Umgreifenden (Dasein, Bewusstsein, Geist) gepolt.[149]

Daher verwirft *Jaspers Bultmanns* Reduktion der Mythologie auf ein existenziales *Prokrustes*-Bett, weil darin auch die Transzendenz und ihre Chiffren unterzugehen scheinen.

Während für *Bultmann* der Begriff "Mythologie" negativ besetzt ist, anerkennt *Jaspers* die Verweisungskraft von Bildsprache und Symbolik der Mythen. Im Ansatz neigt *Bultmann* zu *Hegels* Reduktion des Symbols auf die (vermeintliche) Sache im "Gedanken". Beide leitet ein ähnliches Vor-Urteil: Man könne die ´Sache`, um die es geht - Gott und Mensch -, sich rein gedanklich, ´ohne Abstriche` verschaffen: anstelle mythischer Einkleidung in rationaler Reinheit. *Jaspers* bewertet dieses Bestreben als Illusion: die Transzendenz halte die Menschen auf Abstand durch mehrdeutige Bild- und Symbol-Sprache, zwinge nicht spekulativ den Verstand, sondern achte Freiheit und Lebensgeschichte: "die Chiffren als mögliche vestigia dei, nicht Gott selbst in seiner Verborgenheit" (Vernunft und Existenz,150).

149 Der philosophische Glaube, Teil III

## IV. Drewermann

Parallel zur religionswissenschaftlichen Ikonographie belebte die Diskussion der letzten Jahrzehnte eine weitere hermeneutische Richtung, wie jene an Bildern orientiert. Protagonist ist der Theologe und Psychoanalytiker *Eugen Drewermann* (*1940). Er betont die Verbindung zwischen mythischen Bildern/ Symbolen des Orients - auch jenen der Bibel - und denen der menschlichen *Seele/Psyche*. Im Blick auf inhaltliche Tangenten und häufige Konvergenz fordert er eine "archetypische Hermeneutik". Sein Anliegen ist, zwischen mythischen Bildern der Bibel und Archetypen der menschlichen Tiefen-Seele (im Sinne *S. Freuds, C.G. Jungs*)[150] eine Korrespondenz und Korrelation aufzuzeigen, die Verstehen ermögliche: z.B. Rückbindung der biblischen Urgeschichte an die "Psycho-Genese des Individuums".

Bei *Bultmann* anerkennt er das Anliegen, vor dem veränderten Weltbild im Gefolge *Sören Kierkegaards* die wesentliche *Existenz* des Menschen in Beziehung zum Evangelium zu setzen. Doch sein rigoroses Verfahren verkürze das Evangelium; die typisch protestantische Abneigung gegen alles "Heidnische" habe ihn die "Bilder des Unbewussten" ignorieren lassen.[151]

*Bultmanns* Bibelauslegung warf schon *C.G. Jung* Rationalismus und Kontakt-Verlust mit der Seele der Menschen vor, ein Urteil, dem *Drewermann* zustimmt.

Doch fügt dieser ein Zwischenglied ein: die von *Kierkegaard* hoch gewichtete *Angst*.[152] In *Heideggers* "Sein und Zeit" gehört die Angst zur menschlichen "Befindlichkeit": "Das Sein zum Tode ist wesenhaft Angst" (a.a.O., 266).

Für *Drewermann* (wie für *Kierkegaard*) erscheint im Hintergrund der Angst das Antlitz *Gottes*.[153]

Brücke zu Gott sind für *Drewermann* "die *Bilder* des Unbewussten", "in denen die Angst wie der Glaube sich zu Unheil oder Heil verdichten".

---

150 *M.-L. von Franz*, Der Individuations-Prozess, in: *Jung*, Der Mensch und seine Symbole, erklärt, oft erlebe man den Individuations-Prozess und seine Lebensumstände so, "als ob beim einzelnen etwas Göttliches, Schöpferisches eingreifen und mitwirken würde" (a.a.O.), 162.

151 *Drewermann*, Tiefenpsychologie I,33 Anm.13. Schon frühchristliche Apologeten hätten im Kampf gegen heidnische Mythen die gläubige *Seele* bekämpft und *Glaube* zu bloßer Verstandes- u. Willens-Sache verarmen lassen: Strukturen III, Exkurs

152 Der Begriff Angst (von 1844), gesteigert zur Verzweiflung: Die Krankheit zum Tode (von 1849)

153 Vgl. Strukturen des Bösen II/III: Die jahwistische Urgeschichte in psychoanalytischer/ philosophischer Sicht (1988), bes. III Exkurs 514-540; Die Spirale der Angst - Der Krieg u. das Christentum (Liz.-Ausg. Freiburg/Br. 1991)

Die *Bultmann*-Schule, überhaupt die historisch-kritische Bibel-Exegese verkenne, "dass die Verleugnung der ´heidnischen` Bilder den Faktor der Angst ins Unendliche steigern muss".[154]

Damit nennt *Drewermann* eines seiner Axiome. Die *Deutung* der von *Kierkegaard* profilierten Angst ist jedoch eine kontroverse Frage der theologischen Anthropologie.[155]

*Bultmanns* philosophisch-intellektuelles Projekt vernachlässigt bildlich-symbolische Zugangsweisen.

*Drewermann* favorisiert daher *Jungs* Ansatz, weil symbolisches, vor- und unterbewusstes Verstehen der biblischen Bilderwelt einen umfassenderen, auch *nicht-akademischen* Zugang zur biblischen Botschaft ermögliche und der Angst abhelfe.

*Drewermanns* Programm will zudem die von *Kierkegaard* geforderte "Gleichzeitigkeit" sicherstellen: die existenzielle bzw. "geistige Einheit" des modernen Menschen "mit dem [durch Jesus] Geschehenen selbst".[156]

Dagegen fördere zum Schaden des Glaubens die mit zeitraubender Puzzle-Arbeit befasste, einseitig historisch-kritische Bibelauslegung die vom Rationalismus bewirkte Spaltung von Subjekt und Objekt, wie sie in massivster Form die Naturwissenschaften bieten. In Archetypen und in Gefühlen aber liege "das Einende und Verbindende zwischen den Kulturen und Religionen aller Zeiten" vor.[157]

*Drewermann* illustriert seine Hermeneutik mit zahlreichen Auslegungsbeispielen biblischer Texte: z.B. deutet er das Grunddatum Israels, den *Exodus*, die Befreiung israelitischer Arbeitssklaven aus Pharaonen-Herrschaft. "Das Einende und Verbindende" jener Erzählung mit dem heutigen Menschen seien Probleme und Aufgaben der *Individuation*: persönlich gefühlte Ohnmacht, ewiges Kreisen in und Wiederholen von Kindheitserlebnissen; Pharao als "Grundsymbol" für alle Blockierungen von selbständigem menschlichem Leben. Frei werde jemand erst, wo er nicht mehr Menschen anbete, weil er - wie Mose - "seinem" Gott, d.h. dem Gott begegnet, der dem "eigenen Wesen entspricht" und den er, *seinen* Weg

---

154 *Drewermann*, Tiefenpsychologie a.a.O.

155 Für *H.U. von Balthasar,* Der Christ und die Angst (67-96), ist die Angst Ausdruck erbsündig bedingter Abwesenheit Gottes in der Transzendenz des menschlichen Geistes; *Pannenberg* sieht die Angst schon als Erscheinungsform der Sünde (a.a.O., 286), doch *Härle* unterscheidet die *kreatürliche* Angst von der Angst der Sünde, indes *Drewermann* "tendenziell" beide identifiziere (Dogmatik, 473f). Es geht bei allen externen und internen Verwicklungen des Menschen zuletzt um das Böse in der Bilanz des Lebens und um die darauf antwortende biblische Gottesbotschaft: dazu *Görres - Rahner*, Das Böse, bes. 201-229

156 *Drewermann*, Tiefenpsychologie ..., 59f

157 Tiefenpsychologie a.a.O., 70f

findend, als "vertrauensvollen Beistand" (gemäß Ex 3,14) glaubend annimmt.[158]

Israels Exodus aus Ägypten ist damit nicht zum Mythos erklärt, doch sei das *historische* Faktum für heutige Menschen belanglos: es gehe "gar nicht um etwas Historisches, sondern um etwas Typisches". Es scheint, als wolle *Drewermann* den Auszug *Israels* aus Ägypten kontern durch die Rückkehr des *Christentums* zur hochgeschätzten ägyptischen Mythologie, was *Jaspers* schon bei *C.G. Jung* ablehnte. Auch die jungfräuliche Geburt des Erlösers (Mt 1,18ff) deutet Drewermann tiefenpsychologisch-typologisch: als das individuelle, nicht selbst erzeugte, unschuldig-unfertige Leben und Leben-wollen, dessen Annahme gegen alle Bedenken (Josef) und Ängste (Herodes) Heilung verspreche (ebd. 502-529).

*Drewermanns* Bibel-Auslegung gleicht einer *Allegorese* mit tiefenpsychologischen Mitteln.

158 Tiefenpsychologie 484-497

## V. *Kritische Bilanz*

Die populär gewordene Reduktion biblischer *Gottes*zeugnisse auf Anleitungen zu vollem *Mensch*sein (Entdeckung des "Selbst"!) macht diese Art Hermeneutik ebenso gefragt wie anfechtbar: Sind Archetypen die einzige, also unersetzliche Brücke zu Gott?

"Gott ist ein Gott der Geschichte aller Menschen, nicht nur der Psyche der je einzelnen Menschen".[159] Neben Archetypen des kollektiven Unbewussten gibt es mythisch-symbolische Bildmotive in AT und NT, die *Drewermann* zwar deutet, aber nicht als *theologische* Deute-*Hilfe* nutzt: mythische Bildmotive (überschattende Wolke, Engel JHWH`s, die Schechina, Weisheit als Throngenossin Gottes) sind Interpretamente, um "*Gottes* Transzendenz mit seiner Geschichts- und Menschennähe zusammen-zu-denken".[160]

Auch kommt die von *Kierkegaard* geforderte "Gleichzeitigkeit" heutiger Christen mit Jesus Christus nicht schon, wie *Drewermann* will, durch Erweckung archetypischer Bilder der Tiefen-Seele zustande. Jesu Selbstvergegenwärtigung im und gegenüber dem Gläubigen lässt, wo sie eintritt, Bilder und Symbole *hinter sich*.[161]

Auch melden sich Vorbehalte aus der Anthropologie. *Viktor Frankl*, Begründer der *Logotherapie*, tadelt, *C.G. Jung*, dem *Drewermann* vertraut, sehe das Phänomen Religion wie sein Lehrer *Freud* "es-haft", eine Struktur-Eigenschaft der mit dem Gehirn verbundenen Psyche, also eine psychophysische Angelegenheit. Religion sei aber (so *Frankl* gegen *Jung*) Ausdruck der - unbewussten - *Person*, ein "personalissimum".[162] Die Urbilder (Archetypen) aber, kritisiert *Frankl*, seien nicht angeboren, "sondern in sie sind wir hineingeboren", nämlich "in die Gebete unserer Väter, die Riten unserer Kirchen, die Offenbarungen unserer Propheten - und die Vorbilder unserer Heiligen".[163]

Damit aber ist die symbolische Welt kein quasi "metaphysisches Apriori", sondern entsteht interaktiv als "lebendiges Beziehungsnetz zwischen Innen und Außen, zwischen Kind und Mutter, zwischen Individuum und gesellschaftlicher Kultur".[164]

---

159 *Sudbrack,* Eugen Drewermann, 125
160 *Biser,* Der inwendige Lehrer, 104f
161 *Biser,* Lehrer, a.a.O., 206 Anm. 4
162 *Frankl,* Der unbewusste Gott, 57-60; *ders.,* Der Mensch auf der Suche nach Sinn, 44f
163 *Frankl,* Der unbewusste Gott , 60
164 *Sudbrack,* Eugen Drewermann ..., 88ff., der sich auf Forschungen von *Piaget, Lorenz* u. *Lorenzer* bezieht. Schwere Zweifel an der wissenschaftlichen Haltbarkeit von *Drewermanns* Werk entwickelt *Görres,* Erneuerung durch Tiefenpsychologie? in: *Görres/Kasper,* 133-174

Kritisch schon früher *Karl Jaspers*, Philosoph und Psychiater (Autor des grundlegenden Lehrbuchs über "Allgemeine Psychopathologie"): die aus der Psychoanalyse kommende Deutung von Mythen sei "ihre Restitution im wissenschaftlichen Gewand" und schwanke "zwischen Wissenschaft und Gnostik".[165]

Der Mythen-Forscher *Walter F. Otto* (1874-1958) kritisiert die auf *C.G. Jung* aufbauende Tiefenpsychologie und Mythen-Deutung als Missverständnis: sie baue zum authentischen Mythos eine "Gegenwelt" auf, die nicht der Transzendenz, sondern der Immanenz angehöre und die Ich-Bezogenheit des modernen Menschen spiegle. Der echte Mythos jedoch offenbare *Seins*-Wahrheit.[166]

Bibelwissenschaftler monieren Einseitigkeiten der tiefenpsychologischen Interpretation: Ausklammerung sperriger Züge biblischer Gottesoffenbarung (fordernder Herr, Richter und Gericht, Sünder und Verwerfung), latent oder offen antijüdische Klischees im Gottesbild.[167]

Jedoch stellt *Drewermann* klar: Würdigung tiefenpsychologischer Einsichten aus *Freud/Jung* geschehe nicht, um die biblische Offenbarung auf "Selbstverwirklichung" festzulegen; vielmehr gehe es darum, mit deren Hilfe Gespür für die innere, oft unbewusste Not Rat und Lebensmut suchender Menschen zu bekommen, ihnen umgekehrt (in Spiegel-Wirkung) *Gottes* in *Jesus* offenbar gewordene Barmherzigkeit, Güte nahezubringen, die sie überhaupt erst zum Glauben befähige (schon "Strukturen" III, Exkurs).

Natürlich legt diese Position nahe, dass die sensibel-mitfühlende Seele des (psychoanalytisch geübten) Auslegers wie ein Detektor die Bibelauslegung leitet.[168]

Die Lektüre *Drewermanns* kann auch den *Eindruck* vermitteln, Auslegung archetypischer Bilder komme zum selben Resultat wie Bibelauslegung, was letztere schließlich überflüssig mache.

Vorläufige *Bilanz*: Soweit archetypische Bilder und Symbole nachweisbar in der Tiefe der Menschenseele eingelagert sind, sind sie nicht selbst schon Glaube, können aber die religiöse Dimension eröffnen und Glaube vorbereiten helfen.

---

165 *Jaspers,* Der philosophische Glaube, a.a.O., 186f
166 *W.F. Otto,* Theophania, 19-23
167 *Oeming*, Biblische Hermeneutik, 108. *Oeming* würdigt dagegen *Bultmanns* an *Heidegger* orientierte "existentiale" Interpretation als "sachgemäße Auslegung" u. "vorzüglich geeignetes Instrument" (174). Seine Beispiele deuten indes eher auf "existenzielle" Interpretation.
168 Vgl. *Drewermann / Biser,* Welches Credo?, 111-132. In und im Echo auf diese Art Deutung sieht auch *G. Fuchs* die Stärke *D.`s*, die der kath. Kirche dringend nötig wäre: Kirche - wo bist du? E. Drewermanns unerledigte Fragen: Freckenhorster Kreis - Informationen Nr.124/Mai 2006, 36-38

In der vergleichenden Zusammenschau der dargelegten hermeneutischen Positionen tritt nun außerdem *ein* gemeinsamer Punkt scharf hervor:
Alle vier Autoren - *Hegel, Bultmann, Jaspers, Drewermann* - erklären den *historisch-einmaligen* Anfang und Auslöser biblischen Glaubens als unerheblich für die Nachgeborenen!
Weil sie den historisch einmaligen Anfang des Glaubens für später Glaubende als irrelevant ansehen, ersetzen sie, um Geltung und Wirkung der biblischen Botschaft zu begründen, den "unerheblichen" geschichtlich-kontingenten Anfang durch einen anderen, der - nicht zufällig - *unge-schichtlich* oder *über*-geschichtlich ist:
Für *Hegel* ist Basis der *allgemeine*, dialektisch fortschreitende (Welt-)Geist; für *Bultmann* das immer gleiche Seins- und Selbstverständnis der Existenz (à la *Heidegger*); für *Jaspers* ähnlich die humane Existenz und ihre Chiffren; für *Drewermann* das weltweit gleichbleibend auffindbare Arsenal archetypischer Motive (in Anlehnung an *C.G. Jung*).
Alle vier übersehen, dass das *Einmalige, Unwiederholbare* der *geschicht-lichen* Selbstbezeugungen Gottes in Israel, einschließlich der "Jesus-Bewegung", die unverwechselbare *Signatur Gottes* ist: das vom Gott der Bibel einmalig Gesetzte, das *ER je neu vergegenwärtigt*. Dagegen ist - obgleich unbeabsichtigt - hermeneutischer Ausgangspunkt der vier Denker keine göttliche oder göttlich ausgelegte, sondern eine innerweltliche Entität (*Hegels* "Geist", *Bultmanns* "existentialer" Mensch, *Jaspers`* Chiffren deutende Existenz, *Drewermanns* tiefen-seelische Archetypologie).
Gegen jede "Aufhebung" des Christentums ins (spekulativ) Allgemeine legte *Kierkegaard* lebenslang Protest ein: der Mensch *existiert* ins Offene, Glaube entsteht als *Sprung*, nicht durch Vermittlung.
Diese Kritik schließt natürlich nicht aus, dass die Autoren wertvolle Detail-Einsichten bieten. Die Bibel verwirft ja menschliche Grundbedürfnisse und Sehnsüchte keineswegs, sondern nennt dem Menschen einen *anderen Adressaten* als jene Mächte und Götzen, denen ´man` früher sich unterwarf oder heute dient: einen Adressaten, der seine Lebensfreundlichkeit vorran-gig in Zeit und Geschichte offenbart.
Wenn man die Ansätze wohlwollend analysiert, kann man in den vier vorgestellten hermeneutischen Modellen anthropologische *Annäherungen* von unterschiedlichem Wert erblicken.

Was jedoch *Kierkegaard* anzielt, ist der eigentliche Akt des *Glaubens,* die - nach allen Hilfestellungen dankbar gesetzte - individuell-persönliche Glaubens*antwort,* zu der hingeführt, die vorbereitet, durch Wegräumung unziemlicher Hindernisse erleichtert, aber als jeweils ureigener Akt nicht ersetzt oder vertreten werden kann: Es geht ja darin um das "Selbst", das heißt um die "Freiheit": "Indem es sich zu sich selbst verhält und indem es es selbst sein will, gründet das Selbst durchsichtig in der Macht, die es setzte".[169] "Durchsichtig" meint: ohne Vorbehalt, die Konsequenzen kennend. Der Glaube, den *Kierkegaard* meint, ist gebunden an den "Augenblick", d. h. an jenen Moment, wo Gott bzw. Christus *quasi* Zeit-Gestalt annimmt und die *Person* anblickt, ob sie Ihn wahrnimmt, zu Ihm Ja sagt und im Ja-Sagen zu Ihm sich selber bejaht. Anders als im "Augenblick" begegnet Gott nicht.

*Bultmann* und die anderen Autoren neigen zur Generalisierung des Glaubensaktes: negativ gehe es um Freiwerden vom Verfallen-sein an die Welt, positiv um Glaube an das Kreuz Christi als Heils-Ereignis. Das sind erläuternde Bedingungen, Weg bereitende Hermeneutik, nicht der Glaubensakt selbst. "Im Erklingen des Wortes" würden "Kreuz und Auferstehung Gegenwart", ereigne "sich das eschatologische Jetzt" (*Bultmann*).

Das ist wesentlich verkürzt und entspringt dem ungeschichtlichen Ansatz. Das heilsgeschichtliche "Jetzt" ereignet sich nicht schon in der Verkündigung, sondern im Augenblick, wo *Verkündigung* des Gottes-Wortes *und* persönlich-individuelles *Hören und Annehmen* zusammenfinden. Anders gesagt: Glaube ereignet sich "jetzt" als - im Kern - interpersonal-dialogische Begegnung des *sich* mitteilenden Gottes mit dem hörenden und Ihn bejahenden Menschen.[170]

Darin leuchtet das Prinzip von Heilsgeschichte auf. In diesem "Augenblick" ist auch "Gleichzeitigkeit" gegeben - anders nicht.

Zur geschichtlich einmaligen und maßstäblichen Selbstoffenbarung Gottes gehört auch - die genannten vier Autoren verkennen es - die mythische Sprach- und Bildform in gewissen Abschnitten von Altem und Neuem Testament. Diese Sprach- und Bildform ist original, unersetzlich - sie kann erläutert, ausgelegt, aber nicht ´überwunden` oder "erledigt" werden.

Wenn *Bultmann* die "Geschichte" der "Himmelfahrt Christi" und seines Kommens "auf den Wolken des Himmels" als "erledigt" ausgibt, beansprucht er, die "mythischen" Bildreden restlos verstanden zu haben: als

---

169 *Kierkegaard*, Die Krankheit zum Tode,14.28.125. Jedoch schenkt *Kierkegaard* der Glaubens-*Geschichte* einer glaubenden Person keine Aufmerksamkeit mehr, wie *Guardini* bemerkt.
170 *Biser*, Glaubensverständnis.

sprächen sie nur von innerweltlich-spektakulären, aber naturwissenschaft-lich-technisch falsifizierten Ereignissen. Dieser Eindruck trügt, wie unsere Untersuchung belegt. Das Gegenteil ist der Fall. Ohne mythische und quasi-mythische Bilder und Reden auf Basis der Analogie-Fähigkeit menschlichen Erkennens und Sprechens ist Gottes Offenbarung nicht mitteilbar.

# LITERATURVERZEICHNIS (AUSWAHL)

*Assmann, J.*, Das kulturelle Gedächtnis (München 1999)

*von Balthasar, H.U.*, Der Christ und die Angst (Einsiedeln 1954)
*von Balthasar, H.U.*, Wer ist die Kirche? (Freiburg-Basel-Wien 1965)
*von Bathasar, H.U.*, Theologie der drei Tage (Einsiedler-Zürich-Köln 1969)
*Bartsch, H.W. (Hg)*, Kerygma und Mythos I (Hamburg-Bergstedt 1960)
*Baumeister, R.*, Von der Eis- zur Eisenzeit (Bad Buchau 2018)
*Benz, A.*, Das geschenkte Universum - Astrophysik und Schöpfung (Ostfildern ²2010)
*Berger K. / Colpe C.* (Hg), Religionsgeschichtliches Textbuch zum NT  (Göttingen-Zürich 1987)
*Berger, K.*, Jesus  (München 2007)
*Beyerlin, W.*, Religionsgeschichtliches Textbuch zum Alten Testament (Göttingen 1975)
*Bischofberger, E.*, Die sittlichen Voraussetzungen des Glaubens - Zur Fundamentalethik J.H. Newmans (Mainz 1974)
*Biser, E.*, Glaubensverständnis. Grundriss einer hermeneutischen Fundamentaltheologie (Fr-B-W 1975)
*Biser, E.*, Der inwendige Lehrer - Der Weg zu Selbstfindung und Heilung (München-Zürich 1994)
*Bock, S.*, Kleine Geschichte Israels (Freiburg-Basel-Wien 1998)
*Bremond, H.*, Das wesentliche Gebet (dt. Regensburg 1936)
*Buber, M.*, Der Glaube der Propheten (Zürich 1950)
*Buber, M.*, Moses (Heidelberg 1966)
*Bultmann, R.*, Jesus Christus und die Mythologie (Hamburg 1964)
*Caquot, A.*, An den Wurzeln der Bibel, dt. in: Welt u. Umwelt der Bibel 1/2002
*Casel, O.*, Das christliche Kult Mysterium (Regensburg ⁴1960)
*Cazelles, H.*, La Bible et son Dieu (Paris 1999)
*Coreth, E.*, Grundfragen der Hermeneutik (Freiburg-Basel-Wien 1969)

*Deissler, A.*, Die Grundbotschaft des Alten Testaments (Freiburg/Br. 1995/2006)
*Descartes, R.*, Meditationes de prima philosophia lat.-dt. (Hamburg 1959)
*Diels, H./ Kranz, W.*, Die Fragmente der Vorsokratiker (Berlin 1951/52)
*Drewermann, E.*, Strukturen des Bösen II : Die jahwistische Urgeschichte in psychoanalytischer Sicht
*Drewermann, E.*, Strukturen des Bösen III : Die jahwistische Urgeschichte in philosophischer Sicht
(beide Bde Paderborn 1988)
*Drewermann, E.*, Tiefenpsychologie und Exegese I (Olten-Freiburg/Br. 1984)
*Drewermann, E. / Biser, E.*, Welches Credo? (Freiburg-Basel-Wien 1993)

*Eicher, P.*, Offenbarung - Prinzip neuzeitlicher Theologie (München 1977)
*Eliade, M.*, Die Religionen und das Heilige (dt. Salzburg o.J.)
*Eliade, M.*, Geschichte der religiösen Ideen I (dt. Freiburg-Basel-Wien ³1980),
*Eliade, M.*, Kosmos und Geschichte /Le mythe de l`éternel retour (dt. Frankfurt/M. - Leipzig 1994)
*Eliade, M.*, Vom Wesen des Religiösen (Frankfurt/M.- Leipzig 2007)

*Finkelstein, I. / Silberman, N.A.,* Keine Posaunen vor Jericho  (München [2] 2005)
*Fischer, K.P.,* Glaube sucht Verstehen - Theologische Brosamen (Münster 2013)
*Fischer, K.P.,* Schöpfungsglaube im evolutiven Weltbild (Wiesmoor 2014)
*ders.,* Tod sicher - Ende ungewiss? (Münster 2017)
*Frankl, V.E.,* Der Mensch auf der Suche nach Sinn (dt. Freiburg-Basel-Wien [2]1973)
*Frankl, V.E.,* Der unbewusste Gott. Psychotherapie und Religion (München 1974)

*Gadamer,H.G.,* Wahrheit und Methode. Grundzüge einer philosophischen Hermeneutik (Tübingen[6]1990)
*Gandhi, M.,* Freiheit ohne Gewalt (dt. Köln 1968)
*Görres, A. / Rahner, K.,* Das Böse (Freiburg-Basel-Wien 1983)
*Görres,A./ Kasper,W.*(Hg),Tiefenpsychologische Deutung des Glaubens? (Freiburg-Basel-Wien 1988)
*Graf, F.,* Griechische Mythologie (München-Zürich 1985)
*Grand`Maison, J.,* Die Welt und das Heilige (dt. Salzburg 1970)
*Grassi, E.,* Kunst und Mythos (Hamburg 1957)
*Guardini, R.,* Vom Geist der Liturgie (Freiburg-Basel-Wien [5]1961)94
*Guardini, R.,* Die Sinne und die religiöse Erkenntnis (Würzburg 1950)
*Guardini, R.,* Der Heilbringer (Mainz 1946/1979)

*Härle, W.,* Dogmatik, Berlin-New York [2] 2000
*Hegel, G.W.F.,* Vorlesungen über die Geschichte der Philosophie I  (Frankfurt/M. 1971)
*Hegel, G.W.F.,* Vorlesungen über die Philosophie der Geschichte (Stuttgart 1989)
*Heidegger, M.,* Vom Ursprung des Kunstwerkes (Stuttgart 1960/1988)
*Hengel, M.,* Der Sohn Gottes (Tübingen 1975)
*Hoppe. R.,* Anton Vögtle: Biblischer Osterglaube (Neukirchen-Vluyn 1999)

*Illich, I.,* Fortschrittsmythen (Reinbek 1978)

*Jaspers, K.,* Vernunft und Existenz (München 1960)
*Jaspers, K.,* Der philosophische Glaube angesichts der Offenbarung (München 1963)
*Jaspers, K.,* Einführung in die Philosophie (München [25]1971)
*Jung, C.G.,* Der Mensch und seine Symbole (Olten-Freiburg [10]1979)
*Jungmann, J.A.,* Missarum Sollemnia I (Wien-Freiburg-Basel [5] 1962)

*Keel, O.,* Die Welt der altorientalischen Bildsymbolik und das Alte Testament (Liz.-A. Darmstadt [3] 1984)
*Keel, O., / Schroer, S.,* Schöpfung. Biblische Theologien im Kontext altorientalischer Religionen (Göttingen-Fribourg [2] 2008)

*Kerényi, K.,* Antike Religion (München-Wien 1971)
*Kierkegaard, S.,* Die Krankheit zum Tode (dt. Hamburg 1964)
*Kirchgässner, A.,* Der Mensch im Gottesdienst (München 1966)
*Klauck, H.-J.,* Die religiöse Umwelt des Ur-Christentums I  (Stuttgart-Berlin-Köln 1995)
*Knauer, P.,* Der Glaube kommt vom Hören - Ökumenische Fundamentaltheologie (Norderstedt [7]2015)
*Knauf, E.A.,* Die Umwelt des Alten Testaments  (Stuttgart 1994)

*Küng, H.*, Existiert Gott? (München 1978)
*Kytzler, B.*, Platons Mythen (Frankfurt-Leipzig 1997)

*Lewis, C.S.*, God in the dock - Gott auf der Anklagebank (dt. Basel-Gißen ³1998)
*Lohfink, N.*, Unsere GroOen Wörter (Freiburg-Basel-Wien 1977)
*Lohfink, N.*, Kohelet (NEB Würzburg ³1986)
*Loretz, O.*, Schöpfung und Mythos (Stuttgart 1968)
*Loretz, O.*, Ugarit und die Bibel - Kanaanäische Götter u. Religion im Alten Testament (Darmstadt 1990)

*Maertens, Th.*, Heidnisch-Jüdische Wurzeln der christlichen Feste (dt. Mainz 1965)
*Mann, U.*, Schöpfungsmythen (Stuttgart-Berlin 1982)
*Möller, J.*, Vielleicht ist alles anders? Gedanken eines gläubigen Skeptikers (Mainz 1962)
*Müller, H. (Hg)*, Freude an Unterschieden - Kirchen in Bewegung (Ostfildern 2002)

*Nilsson, M.P.*, Griechischer Glaube (dt. München 1950 / Liz.Ausg)

*Oeming, M.*, Biblische Hermeneutik - Eine Einführung (Darmstadt 1998)
*Ortega y Gasset, J.*, Geschichte als System (dt. Stuttgart-Berlin 1943)
*Otto, R.*, Das Heilige (München 1979)
*Otto, W.F.*, Theophania. Der Geist der altgriechischen Religion (Hamburg 1956/59)

*Pannenberg, W.*, Systematische Theologie II (Göttingen 1991)
*Pieper, J.*, Muße und Kult (München 1952)
*Pieper, J.*, Über die platonischen Mythen (München 1965)
*Pieper, J.*, Überlieferung - Begriff und Anspruch (München 1970)

*von Rad, G.*, Das Erste Buch Mose Kap.1-12,9 (Göttingen 1949 / ⁶1967)
*von Rad, G.*, Theologie des Alten Testaments II (München ⁵1968)
*Rahner, H.*, Griechische Mythen in christlicher Deutung (Zürich 1957)
*Rahner, H.*, Der spielende Mensch (Einsiedeln ¹¹2008)
*Rahner, K.*, Schriften zur Theologie III (Einsiedeln-Zürich-Köln ⁴ 1961)
*Rahner, K.*, Schriften zur Theologie IV (Einsiedeln-Zürich-Köln 1960)
*Rahner, K.*, Grundkurs des Glaubens (Freiburg-Basel-Wien 1976)
*Ratzinger, J.*, Einführung in das Christentum (dtv München 1971)
*Ratzinger, J./Benedikt XVI.*, Jesus von Nazareth II (Freiburg-Basel-Wien 2011)
*ders.*, Jesus von Nazareth III (Freiburg-Basel-Wien 2012)
*Ritschl, D.*, Zur Logik der Theologie (München 1984)
*Ritschl, D.*, Bildersprache und Argumente (Neukirchen-Vluyn 2008)
*Rosenberg, A.*, Einführung in das Symbolverständnis - Ur-Symbole und ihre Wandlungen (Freiburg-Basel-Wien 1984)
*Rudolph, E.(Hg)*, Mythos zwischen Philosophie und Theologie (Darmstadt 1994)

*Schaeffler, R.*, Religionsphilosophie (Freiburg-München 1983)
*Scheler, M.*, Die Stellung des Menschen im Kosmos (München 1947)
*Schierse, F.J.*, Patmos-Synopse (Düsseldorf ¹⁰1977)
*Schlier, H.*, Mächte und Gewalten im Neuen Testament (Freiburg/Br. 1958)
*Schlier, H.*, Besinnung auf das Neue Testament (Freiburg-Basel-Wien ²1964)

*Schmidt, W.H.,* Königtum Gottes in Ugarit und in Israel (Berlin ²1966)
*Schmidt, W.H.,* Alttestamentlicher Glaube in seiner Geschichte (Neukirchen-Vluyn ⁷1990)
*Seifermann, H.,* Die Entdeckung Gottes in der Bibel (Wiesmoor 2016)
*Sudbrack, J.,* Eugen Drewermann ... um die Menschlichkeit des Christentums (Würzburg 1992)

*Teilhard de Chardin,* Le Milieu Divin (Paris 1957)
*Theißen, G.,* Urchristliche Wundergeschichten (StzNT 5 - Gütersloh ⁵1987)
*Tillich, P.,* Symbol und Wirklichkeit (Frankfurt/M. ³1986)
*Trigo, P.,* Schöpfung und Geschichte (dt. Düsseldorf 1989)

*Vattimo, G.,* Das Zeitalter der Interpretation, in: *R. Rorty / ders.,* Die Zukunft der Religion (dt. Frankfurt/M. 2006)
*von Weizsäcker, C.F.,* Die Tragweite der Wissenschaft (Stuttgart 1990):
*Welker, M.,* Gottes Offenbarung - Christologie (Neukirchen-Vluyn ²2012)

*Zeller, D.,* Der Brief an die Römer (Regensburg 1985)
*Zeller, D.,* Christus unter den Göttern (Stuttgart 1993)
*Zimmerli, W.,* Grundriss der alttestamentlichen Theologie (Stuttgart ⁴ 1982)
*Zumbroich, W.,* Mythos und Chaos. Das Leiden u. das Böse im frührabbinischen Midrasch (Stgt 2003)

**Zum Autor**

*Klaus P. Fischer,* geb. 1941 in Stuttgart, studierte Klassische Philologie, Philosophie und Theologie in Tübingen, Innsbruck, Paris und Frankfurt/M. Theologische Promotion am Institut Catholique de Paris bei Henri Bouillard SJ über die Anthropologie Karl Rahners ("Der Mensch als Geheimnis"). Mitglied des Oratoriums des hl. Philipp Neri in Heidelberg.

Langjährige Tätigkeit in Pastoral, Religionspädagogik, Klinik-Seelsorge, Erwachsenenbildung, Kirchl. Rundfunkarbeit u.a.m. Diverse Veröffentlichungen zu Themen des Glaubens und christlicher Welt-Anschauung, wie *Gott und Teufel, Gott und Schicksal, Schöpfung - Naturwissenschaft, Tod und Auferstehung, Eucharistie und Abendmahl, Mensch - Gott - Kirche, u.a.m.* Lehrbeauftragter für Katholische Theologie an der Evangelisch-Theologischen Fakultät der Universität Heidelberg.